———— 重新定义思想之美 ————

# 数电票

## 数字化时代企业税务管理之道

杨蜀 段勇 著

清华大学出版社

北京

本书封面贴有清华大学出版社防伪标签，无标签者不得销售。
版权所有，侵权必究。举报：010-62782989，beiqinquan@tup.tsinghua.edu.cn

**图书在版编目（CIP）数据**

数电票：数字化时代企业税务管理之道 / 杨蜀，段勇著.
北京：清华大学出版社，2025.2.
ISBN 978-7-302-68062-8

Ⅰ. F812.423-39
中国国家版本馆 CIP 数据核字第 2025B4T747 号

责任编辑：付潭蛟
封面设计：胡梅玲
责任校对：王荣静
责任印制：杨 艳
出版发行：清华大学出版社
　　　　　网　　址：https://www.tup.com.cn，https://www.wqxuetang.com
　　　　　地　　址：北京清华大学学研大厦 A 座　　邮　　编：100084
　　　　　社 总 机：010-83470000　　　　　　　　邮　　购：010-62786544
　　　　　投稿与读者服务：010-62776969，c-service@tup.tsinghua.edu.cn
　　　　　质 量 反 馈：010-62772015，zhiliang@tup.tsinghua.edu.cn
印 装 者：河北鹏润印刷有限公司
经　　销：全国新华书店
开　　本：148mm×210mm　　印张：7　　字　数：198 千字
版　　次：2025 年 3 月第 1 版　　　　　印　次：2025 年 3 月第 1 次印刷
定　　价：49.00 元

产品编号：103981-01

# 目 录

## 理 论 篇

**第一章 税务基础知识概述 / 3**

第一节 了解税收制度与相关法规 / 3

第二节 企业税务登记与纳税义务 / 10

第三节 税务申报与缴纳流程 / 17

**第二章 金税工程与数电票 / 21**

第一节 金税四期:让税务违法无所遁形 / 21

第二节 "数电票"是什么? / 24

第三节 领票开票不再难:数电票的三大优势 / 34

第四节 票面信息:一图帮你看懂数电票 / 36

第五节 实施策略:从"以票控税"过渡到"以数治税" / 40

**第三章 数电票的功能与操作 / 44**

第一节 数电票功能介绍 / 44

第二节 详解数电票的授信额度 / 50

第三节 全领域数字化:数电票开具流程 / 55

第四节 "开具即交付":数电票交付与查询 / 61

第五节 打印不再是必要步骤:数电票报销与登记 / 67

第六节 快捷且灵活:数电票入账与归档 / 71

第七节 电子发票服务平台与乐企服务 / 77

## 第四章　企业税务管理的数字化转型 / 83

第一节　打通财税数字化"最后一公里" / 83

第二节　实现税务管理服务企业价值 / 86

第三节　企业税务管理的数字化转型落地 / 89

# 应　用　篇

## 第五章　"企业经营数字化"到底"数字"在哪里？ / 95

第一节　团队数字化 / 95

第二节　财务数字化 / 100

第三节　工具数字化 / 106

第四节　管理数字化 / 109

## 第六章　让税务数据为企业攫取价值 / 114

第一节　税务数据的获取 / 114

第二节　税务数据的存储与管理 / 116

第三节　税务数据：借力企业的管理洞察 / 118

第四节　企业税务数字账户建设 / 122

第五节　透明、精准、高效：数电票在发票管理中的应用 / 125

## 第七章　数电票与企业税务合规化 / 127

第一节　企业税务合规的要求 / 127

第二节　识别和评估企业税务合规 / 131

第三节　税务合规的应对策略 / 137

第四节　数电票在税务合规中的作用 / 140

## 第八章　协助企业规避税务风险 / 144

第一节　税务风险有哪些方面 / 144

第二节　数电票对财税管理的挑战 / 147

第三节　数电票和纳税人的安全隐私 / 153

第四节　数电票税务风险防控体系／156

**第九章　实现企业税务管理持续优化／161**

第一节　税务流程改进与自动化／161
第二节　税务效率提升与成本控制／165
第三节　业票财税一体化建设与发展／167

**第十章　数电票税务管理案例分析／176**

第一节　税务管理实践经验分享／176
第二节　数电票在不同企业及行业的应用案例／178

## 展　望　篇

**第十一章　数电票给企业带来的机遇／189**

第一节　深度挖掘数据价值／189
第二节　释放数字生产力／193
第三节　增多投资机遇／197
第四节　加快企业数字化转型／200

**第十二章　企业税务管理的未来／206**

第一节　数电票对企业税务管理的挑战／206
第二节　数电票未来的发展方向和趋势／209
第三节　数电票对企业税务管理未来的影响／212

# 理论篇

# 税务基础知识概述

第一章
CHAPTER 1

## 第一节 了解税收制度与相关法规

本书虽以数电票为切入点，探讨数字化时代企业的税务管理之道，但当我们面对任何税务问题时，只有先行了解我国的税收法律法规，才能知道从何处入手解决问题，以及判断企业在处理税务管理问题时是否合规合法。

### 税收是什么？

中国自古以来就存在税收，在古代，《周礼》将税收定义为"国正"，《孟子》将税收定义为"布缕之征，粟米之征，力役之征"。在国外，法国《经济学词典》（2001）将税收定义为"强制性征收"。参考中外学者的表述，我们可将税收大致定义为"政府对经济主体收入的强制征收"。换句话说，税收是指国家为了筹措财政资金而对纳税人（包括个人和单位）实施的强制性征收财产或收入的一种行为。

为什么这样定义？要想彻底了解税收概念，我们首先需要了解为什么要征税。

在一个国家，征税是为了满足公共需要，比如和平的环境、安定的秩序和便利的设施等。国家需要通过政府等公共管理部门履行国家管理职能，而公共管理部门没有生产能力，除了以征用的形式直接占有经济资源外，主要就是通过税收形式向经济主体征收一部分收入，再转换为支出。

因此，征税主体是国家，任何其他主体都没有征税权。国家一般通过政府委托税务机关等相应职能机构实施税收征管。不同于依据财产权利进行分配的社会产品，税收依据的主要是政治权利，从而强制性地将原本属于生产者的社会产品转为国家所有，以保证国家机构履行相应职能。

相较政府其他收入形式，税收主要有以下三点特征。

（1）强制性。强制性是指纳税人必须按照税收法律、法规的要求，准确、及时地履行纳税义务，否则就要受到法律的制裁。比如，我们经常看到一些明星、网红因为偷税逃税而被处以巨额罚款，若是构成犯罪，还会被依法追究刑事责任。

（2）无偿性。从外在征收程序上看，国家征税时不用支付任何报酬给纳税人，税收具有无偿性。但从内在经济实质上看，税收所体现的政府与纳税人之间的利益关系是一种互利关系，一方面，纳税主体向政府缴纳税款；另一方面，纳税主体享受政府提供的安稳的生活环境和便利的生活设施等。因此，税收具备了一种"取之于民，用之于民"的整体报偿性。

（3）固定性。税收是按事先确定的范围和标准征收的，包括事先确定征税对象、税基、税率、纳税时间、纳税地点等。在税收征收过程中，任何单位与个人都不能随意改变税收的征收范围和标准，不能向纳税人过多或过少地征税。

有人说，人生只有两件事是任何人都无法逃避的，一是死亡，二是税收。大而言之，财政是国家治理的基础和重要支柱，而税收则是财政的基础和重要内容；小而言之，税收影响着社会的方方面面，衣食住行用等各类产品及服务的产销用概莫能外。税收与我们每个人都息息相关，了解税收的概念，掌握税收基本知识，能够帮助我们更好地应对生活中的各种财税难题。

## 税收制度

税收制度简称税制，是我们国家以法律形式规定的各种税收法律、法规的总称。积极纳税、承担纳税责任，是我们每个人的义务，而了解税制、积极维护自身的合法权益，也是我们每个人的权利。因此，作为纳税人的我们，在履行纳税义务的同时，也需要学习国家的税收政策和法律法规，以合法合规地保障自己的权益。

首先，让我们来思考一个问题：影响一个国家整体税收的是什么？

国家依靠税收制度征税，因此，其影响因素都已在税制的基本构成要素中得以体现。那么，这些基本要素包括哪些内容呢？要素的性质决定了国家执行税收管理的方式，只有了解了税制的构成要素，我们才能知道为什么税收无处不在，无时不有。

（一）税制要素

税制要素主要包括纳税人、征税对象、税率、纳税期限、纳税地点、纳税环节、优惠（减免）与加征和违规违法处理，我们可以将其简单地用"5W1H+2"来表示。

（1）纳税人（Who）又称为纳税主体，是指税法规定的负有直接纳税义务的单位和个人。纳税人表明对谁征税，它可以分为自然人和法人两种类型。在实际业务中，为了保证国家财政收入不受影响，税法还会划分出纳税人和扣缴义务人。例如，在大家熟悉的个人所得税工资薪金这个环节，发放工资的单位就是扣缴义务人，我们每一个获得工资的人就是纳税人。

（2）征税对象（Whom）也称为税收客体，即对什么征税。它可以是物品、收入或行为等多种内容，不同的课税对象会构成不同的税种，税种间的区别以及税种的名称通常取决于课税的对象。

（3）税率（What）即应纳税额与征税对象数量之间的比例，关系着国家收入的多少和纳税人的负担程度，是税收制度的核心。一般来说，税率分为比例税率、累进税率和定额税率三种类型。

（4）纳税期限（When）是指税法关于税款缴纳时间，即纳税时限方面的规定,其需要考虑纳税义务发生时间、缴库期限。采取预收款方式销售货物的,纳税义务发生时间为货物发出的当天;但生产销售生产工期超过12个月的大型机械设备、船舶、飞机等货物,纳税义务发生时间为收到预收款或者书面合同约定的收款日期的当天。缴库期限则根据增值税纳税暂行条例规定,由纳税人以1个月或者1个季度为1个缴纳期限,自期满之日起15日内申报纳税;以1日、3日、5日、10日或者15日分为1个纳税期限的,自期满之日起5日内预缴税款,于次月1日起15日内申报纳税并结清上月应纳税款。

(5)纳税地点(Where)即纳税人申报缴纳税款的地点,按居民企业和非居民企业进行区分,居民企业以企业登记注册地为纳税地点,非居民企业以机构、场所所在地为纳税地点。

(6)纳税环节(How)指税法规定的征税对象在从生产到消费的流转过程中应当缴纳税款的环节。

(7)优惠(减免)与加征。税收减免即减税或免税,是指对某些纳税人或课税对象的鼓励或照顾措施。税收加征是指国家为了实现某些限制政策或调节措施,对特定纳税人的一种加税措施。

(8)违规违法处理。是指对纳税人违反税收法律法规行为所采取的强制处罚措施,根据情节轻重,分别采取以下方式进行处理:批评教育、征收滞纳金、吊销税务行政许可证件、处以税务罚款、追究刑事责任等。

## (二)中国税制体系

中国现行税制体系是由多种税种组成的复税制体系,目前一共有18个税种,具体税种结构如图1-1所示。

(1)增值税是对生产、销售商品或提供服务实现的增值额征收的一个税种。增值税的纳税人是指在我国境内销售货物或者加工、修理修配劳务,销售服务、无形资产、不动产以及进口货物的单位和个人。

(2)消费税是国际上普遍采用的对特定消费品和消费行为征收的一个税种。消费税的纳税人是指在我国境内生产、委托加工和进口的应税消费品的单位和个人,以及国务院确定的销售应税消费品的其他单位和个人。

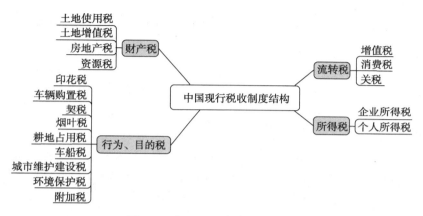

图 1-1  中国现行税收制度结构

（3）关税是指国家为了贯彻对外开放政策，促进对外经济贸易的发展，对于准许进出口的货物、进境物品，由海关依照法律法规征收的一个税种。进口货物的收货人、出口货物的发货人、进境物品的所有人，是关税的纳税义务人。

（4）企业所得税的纳税对象是在我国境内的企业（居民企业及非居民企业）和其他取得收入的组织，企业所得税的税率一般为 25%。

（5）个人所得税是对个人（自然人）取得的应税所得征收的一个税种。个人所得税的纳税范围包括工资、薪金所得，劳务报酬所得，稿酬所得，特许权使用费所得，经营所得，利息、股息、红利所得，财产租赁所得，财产转让所得，偶然所得。

（6）土地使用税的纳税人是指在城市、县城、建制镇、工矿区范围内使用土地的单位和个人。开征土地使用税，有利于进一步增加地方财政收入，促进合理、节约使用土地，提高土地使用效益。

（7）土地增值税是对转让国有土地使用权、地上的建筑物及其附着物并取得收入的单位和个人进行征收的一个税种。需要注意的是，转让国有土地使用权、地上的建筑物及其附着物并取得收入，是指以出售或者其他方式有偿转让房地产的行为，不包括以继承、赠与方式无偿转让房地产的行为。

（8）房地产税在城市、县城、建制镇和工矿区征收，由产权所有人缴纳，按照房产的计税余值或出租房产取得的租金收入进行征收。

（9）资源税的纳税人是指在我国领域和我国管辖的其他海域开发应税资源的单位和个人。应税资源的具体范围根据《资源税税目税率表》（《中华人民共和国资源税法》附件）确定，比如原油、天然气、有色金属等。

（10）印花税的纳税人是指在我国境内书立应税凭证、进行证券交易的单位和个人，同时，在我国境外书立在境内使用的应税凭证的单位和个人也应当依照规定缴纳印花税。

（11）车辆购置税的纳税人指在我国境内购置汽车、有轨电车、汽车挂车、排气量超过150毫升的摩托车的单位和个人。车辆购置税实行一次性征收，购置已征车辆购置税的车辆，不再征收车辆购置税。

（12）契税是在我国境内转移土地、房屋权属时向权属承受的单位和个人征收的税种。转移土地、房屋权属是指国有土地使用权出让、土地使用权转让（包括出售、赠与、互换），以及房屋买卖、赠与、交换的行为。

（13）烟叶税以纳税人收购烟叶实际支付的价款总额为计税依据进行征收，烟叶税的税率为20%。

（14）耕地占用税是对我国境内的单位和个人占用耕地建设建筑物、构筑物或者从事非农业建设的行为征收的一个税种。耕地占用税以纳税人实际占用的耕地面积为计税依据，按照规定的适用税额一次性征收。

（15）车船税是对我国境内的车辆、船舶的所有人或者管理人所征收的一个税种。根据2019年4月23日第十三届全国人民代表大会常务委员会第十次会议《关于修改〈中华人民共和国建筑法〉等八部法律的决定》的修正，在免税条款中增加了"悬挂应急救援专用号牌的国家综合性消防救援车辆和国家综合性消防救援专用船舶"。

（16）城市维护建设税以纳税人依法实际缴纳的增值税、消费税税额为计税依据。也有存在不征收城市维护建设税的情况，例如，对进口货物或者境外单位和个人向境内销售劳务、服务、无形资产缴纳的增值税、消费税税额，不征收城市维护建设税。

（17）环境保护税是指对我国境内直接向环境排放应税污染物的企业事业单位和其他生产经营者征收的一个税种，征税对象包括大气污染、水污染物、固体废物和噪声4类。

（18）教育费附加以各单位和个人实际缴纳的增值税、消费税的税额为计征依据，教育费附加率为3%，分别与增值税、消费税同时缴纳。

## 税收法律法规

税收法规简称税法（以下统称税法），是国家制定的用以调整国家和纳税义务人之间在征税方面的权利和义务关系的法律规范的总称。换句话说，税法就是规定纳税人应如何纳税、纳税义务、纳税管理等方面的一系列法律法规，其基本要点包括税种、纳税人、税收计算和申报、税率和税收优惠政策及税收管理。

税法有三大特点，从立法过程上看，税法属于制定法，而不属于习惯法，是由国家制定的，而不是由习惯做法或司法判例而认可的；从法律性质上看，税法属于义务性法规，而非授权性法规，即税法直接规定人们的某种义务，具有强制性；从内容上看，税法属于综合性法规，不属于单一法，是由实体法、程序法、争讼法等构成的综合法律体系。

我国现行税收法律法规数量巨大，其中有一些已经被废止或者部分废止，目前税法有13部，其中程序法1部，为《税收征收管理法》；实体法12部，12部实体税法分别为：

（1）《中华人民共和国企业所得税法》；

（2）《中华人民共和国个人所得税法》；

（3）《中华人民共和国车船税法》；

（4）《中华人民共和国环境保护税法》；

（5）《中华人民共和国烟叶税法》；

（6）《中华人民共和国船舶吨税法》；

（7）《中华人民共和国耕地占用税法》；
（8）《中华人民共和国车辆购置税法》；
（9）《中华人民共和国资源税法》；
（10）《中华人民共和国契税法》；
（11）《中华人民共和国城市维护建设税法》；
（12）《中华人民共和国印花税法》。

需要注意的是，除了上述12部实体法，其他各税种都是经全国人民代表大会授权，由国务院以暂行条例的形式发布实施。

除了了解税法的定义、特点、范围，我们还需要了解一下税法原则。税法原则反映了税收活动的根本属性，是贯穿税收立法、执法、司法等全过程的具有普遍指导意义的法律准则，是税收法律法规建立的基础。税法原则可以分为税法的基本原则和税法的适用原则两个层次。

税法的基本原则有四个。一是税收法定原则，这是核心原则，避免相关部门滥用职权；二是税收公平原则，细分为横向公平和纵向公平，横向公平是指负担能力相同的税负相同，纵向公平是指负担能力不同的税负不同；三是税收效率原则，税法同样讲究经济效率和行政效率；四是实质课税原则，此原则规定由纳税人真实的负担能力决定税负。

税法的适用原则有六个，分别是法律优位原则、法律不溯及既往原则、新法优于旧法原则、特别法优于普通法原则、实体从旧程序从新原则，以及程序优于实体原则。

纳税是每个人应尽的义务，对于企业而言，更不能违背税法，而应以尊重税法、遵守税法为前提，充分学习现行税收法规及优惠政策解读，做到"应缴尽缴，应享尽享"，实现义务和权利的统一。

## 第二节　企业税务登记与纳税义务

假设王某开了一家公司，为了逃避纳税义务，王某没有在规定的时间内到税务机关办理税务登记，那么王某将会面临什么样的后果？又假设，李某在深圳有一家公司，这家公司已经在福田区国税局办理了税务登记,现在李某准备在佛山设立一家分公司,那么李某是否还需要办理税务登记?如果还需要办理税务登记,那么他应该在何地办理?如果李某的公司欲前往上海从事临时生产经营,那么他又该如何办理税务登记?

下面,就让我们带着这些问题来了解一下与税务登记相关的知识。

## 企业税务登记

(一)什么是税务登记?

税务登记是指企业在外地设立的分支机构和从事生产、经营的场所,个体工商户和从事生产、经营的事业单位(以下统称纳税人)自领取营业执照之日起 30 日内,持有关证件向税务机关申报办理税务登记。

税务登记是税务机关对纳税人的生产、经营活动进行登记管理的一项法定制度。它是纳税人依法履行纳税义务的必要手续,也是税收征收管理的起点。

(二)为什么要进行税务登记?

根据相关法律法规规定,从事生产、经营的纳税人应在领取营业执照后的 30 日内,持有关证件向所在地的主管税务机关申请办理税务登记。不管有没有盈利,企业每个月都要根据运营情况做账,然后根据账本向税务局进行税务申报。

在这里,我们来回顾一下本节开头的案例情形。在王某的案例中,王某未在规定的时间内办理税务登记,除了要承担相应的法律责任外,他还将无法为客户开具发票,也无法享受税收优惠,如延期申报、延期纳税、减免税、出口退税等。从另一个层面来说,税务机关也很难对王某公司的生产经营情况尤其是纳税义务进行监督。若税务机关无法监管王某公司的生产经营,则可能导致国家税款流失。

因此,进行税务登记不仅有助于税务机关掌握辖区纳税人的基本情况,了解税源的分布情况,从而合理调配征管力量,实施税源控制,还能帮助税务机关及时掌握纳税人的生产经营情况,研究制定税收政策和管理措施,为税务决策提供客观依据。此外,进行税务登记还能建立起税务机关与纳税人之间的征纳工作关系,使纳税人依法享受税收政策上的帮助和指导,维护其合法经营、领购发票、申请减税免税等权益。

(三)怎样进行企业税务登记办理?(以广东省为例)

根据纳税人要求登记的性质,税务登记可以分为开业税务登记、变更税务登记和注销税务登记三类。

**1. 开业税务登记(网上申请流程)**

表 1-1 为开业税务登记准备。

表 1-1　开业税务登记准备

| 准备工作 | 所需材料 |
| --- | --- |
| ①工商营业执照<br>②设立银行账户并取得开户证明<br>③公司章、发票专用章刻制 | ①营业执照正、副本及复印件<br>②公章、章程、股东身份证复印件<br>③经办人身份证原件及复印件<br>④银行基本存款账户信息<br>⑤银行三方扣款协议<br>⑥如需申领发票需携带发票章 |

(1)打开国家税务总局广东省电子税务局客户端,选择【公众服务】,如图 1-2 所示。

图 1-2　国家税务总局广东省电子税务局客户端首页

(2)点击右上方【登录】,未注册就以法人账号密码注册登录或(已注册)扫码登录(选择【自然人业务】),如图 1-3 所示。

税务基础知识概述 第一章 13

图 1-3　国家税务总局广东省电子税务局客户端登录页面

（3）进入主页面，选择左侧栏"套餐业务"中的【新办纳税人套餐】，如图 1-4 所示。

图 1-4　【新办纳税人套餐】操作页面

（4）点击【确认】，输入纳税人识别号，并依次录入下列五项信息，如图 1-5 所示。

图 1-5　业务办理操作页面

(5)填写完毕并核对其他信息完整无误后,点击【提交申请】。

(6)提交成功后,可在【我要办税】—【事项办理】—【事项进度管理】查看税务登记审批状态,待税务机关审核后,就可以办理所需的涉税业务了。

**2. 变更税务登记**

从事生产、经营的纳税人,税务登记内容发生变化的,自工商行政管理机关办理变更登记之日起 30 日内,持有关证件向税务机关申报办理变更登记。

如果变更登记的变更信息属于市场监督管理等部门管理,应向市场监督管理等部门申报办理变更登记,经纳税人确认后,税收机关根据市场监督管理部门共享的变更信息,更新系统内的对应信息。

如果变更信息不属于市场监督管理等部门管理,应向主管税务机关申报办理变更登记,并提供有关变更资料,如生产经营地、财务负责人、核算方式、从业人数、办税人等信息。

**3. 注销税务登记**

纳税人发生解散、破产、撤销以及其他情形需依法终止纳税义务的,应当在向工商行政管理机关或者其他机关办理注销登记前,持有关证件和资料向原税务登记机关申报办理注销税务登记;按规定不需要在工商行政管理机关或者其他机关办理注册登记的,应当自有关机关批准或者宣告终止之日起 15 日内,持有关证件和资料向原税务登记机关申报办理注销税务登记。纳税人办理注销税务登记前,应当向税务机关提交相关证明文件和资料,结清应纳税款、多退(免)税款、滞纳金和罚款,缴销发票、税务登记证件和其他税务证件,经税务机关核准后,办理注销税务登记手续。

## 纳税义务

作为纳税人,我们的纳税义务主要有:按税法规定进行税务登记;按税法规定的期限和手续办理纳税申报,并按期如数缴纳税款;依法向税务机关及时提交会计报表及其他资料；接受税务机关对纳税情况的检查，并如实反映和提供税务检查人员所需了解的情况和资料等。

那么，我们应该在什么时候按照规定纳税呢？纳税义务发生时间给了我们明确规定，它被用来判断一个企业什么时候开始有纳税义务，某些业务是否到了缴税的时间节点。例如，某商家采取预收货款的方式销售商品，那么在它预收货款时是不用缴税的，只有在它发出商品的当天达到缴税要求时，它发出商品的时间才是纳税义务发生时间。在实际生活中，生产经营受各种具体条件影响，因此，国家根据具体情况规定了适应各种税种的纳税义务发生时间，以满足人们的实际生活生产需要。表 1-2 为 18 种税种的纳税义务发生时间。

表 1-2  18 种税种的纳税义务发生时间

| 税种 | 纳税义务发生时间 |
| --- | --- |
| 增值税 | 发生应税销售行为，为收讫销售款项或取得销售款项凭据的当天；先开具发票的，为开具发票的当天 |
| 消费税 | 纳税人生产的应税消费品，于纳税人销售时纳税。纳税人自产自用的应税消费品，用于连续生产应税消费品的不纳税；用于其他方面的，于移送使用时纳税 |
| 企业所得税 | 企业应纳税所得额的计算，以权责发生制为原则，属于当期的收入和费用，不论款项是否收付，均作为当期的收入和费用；不属于当期的收入和费用，即使款项已经在当期收付，均不作为当期的收入和费用 |
| 城镇土地使用税 | 新征用耕地自批准征用之日起满 1 年时开始纳税，其他情况则为次月 |
| 房地产税 | 用于生产经营当月即开始纳税，其他情况则为次月 |
| 契税 | 签订土地，房屋权属转移合同当天，或者纳税人取得其他具有土地、房屋权属合同性质凭证的当天 |
| 车辆购置税 | 购置应税车辆的当天 |
| 城市维护建设税 | 与增值税、消费税纳税义务发生时间一致 |
| 烟叶税 | 收购烟叶的当日（付讫收购烟叶款项或收购烟叶凭据的当日） |
| 船舶吨税 | 应税船舶进入港口的当日 |
| 车船税 | 取得车船所有权或管理权的当月 |
| 土地增值税 | 应在房地产转让合同签订后 7 日内，到房地产所在地主管税务机关申报 |
| 关税 | ①进口：运输工具申报进境之日起 14 日内申报；<br>②出口：应当在货物运抵海关监管区后、装货的 24 小时以前申报 |

续表

| 税种 | 纳税义务发生时间 |
|---|---|
| 耕地占用税 | 收到自然资源主管部门办理占用耕地手续书面通知的当日 |
| 资源税 | ①销售应税产品：收讫销售款或取得索款凭据的当日<br>②自用应税产品：移送应税产品的当日 |
| 环境保护税 | 纳税人排放应税污染物的当日 |
| 印花税 | 书立应税凭证或者完成证券交易当天 |
| 水资源税 | 纳税人取用水资源的当日 |

此外，需要注意的是，由于个人所得税涉及情况复杂，因此我们在这里进行具体阐述。一般来说，个人所得税的所得人为纳税人，支付所得的单位或者个人为扣缴义务人。在生活中我们遇到的最普遍的情况就是企业与员工的关系。下面这些都是需要缴纳个人所得税的情况：工资、薪金所得；劳务报酬所得；稿酬所得；特许权使用费所得；经营所得；利息、股息、红利所得；财产租赁所得；财产转让所得；偶然所得。这些个人所得税的具体纳税义务发生时间及相关适用如表1-3所示。

在国家税务总局官网中的税案通报页面，有不少骗取出口退税团伙案件、利用软件企业税收优惠政策虚开增值税专用发票案件，以及明星网红及网络主播偷税少缴税款案。接连曝光的一系列涉税违法案件表明，所有企业和个人都要增强依法纳税意识，越是公众人物，越应依法履行纳税义务。

表1-3 个人所得税纳税义务发生时间及适用

| 计征方式 | 纳税义务发生时间 | 适用所得类别 | 适用情形 |
|---|---|---|---|
| 按年计征 | 有扣缴义务人的，由扣缴义务人按月或者按次预扣预缴税款 | 综合所得（工资、薪金所得；劳务报酬所得；稿酬所得；特许权使用费所得） | 居民个人从境内取得的综合所得收入 |
| | 在取得所得的次年3月1日至6月30日内申报纳税 | 适用于所有所得类别 | 居民个人从境外取得所得 |
| | 由纳税人在月度或者季度终了后15日内向税务机关报送纳税申报表，并预缴税款 | 经营所得 | 居民个人及非居民个人在境内取得的所有经营所得 |

续表

| 计征方式 | 纳税义务发生时间 | 适用所得类别 | 适用情形 |
|---|---|---|---|
| 按月或按次计征 | 有扣缴义务人的，由扣缴义务人按月或者按次代扣代缴税款。<br>①财产租赁所得，以一个月内取得的收入为一次；<br>②以支付利息、股息、红利时取得的收入为一次；<br>③偶然所得，以每次取得该项收入为一次 | 利息、股息、红利所得；财产租赁所得；财产转让所得；偶然所得 | 所有纳税人 |
| | 有扣缴义务人的，由扣缴义务人按月或者按次代扣代缴税款，不办理汇算清缴；<br>在中国境内从两处以上取得工资、薪金所得的，应当在取得的次月15日内申报纳税 | 综合所得（工资、薪金所得；劳务报酬所得；稿酬所得；特许权使用费所得） | 非居民个人 |

## 第三节 税务申报与缴纳流程

在任何国家，凡是开展经营活动获取收入的个人或企业，均需要纳税。按税法规定，即使没有经营收入也要进行税务申报与缴纳，可以零申报，但不能不申报。任何企业都会面临税务机关的稽查，且税务稽查具有可追溯性。因此，企业如果不按照要求建账记账，将面临极大的税务处罚风险。

**税务申报**

税务申报就是在税务登记完成后按期做账报税，税务申报是每月定时向税务局提交纳税方面的书面报告行为，税务机关主要通过税务申报来进行税收信息管理和税务管理。

根据公司是小规模纳税人还是一般纳税人的申报类型，公司的税务申报可以划分为两类：小规模纳税人按季报税，一般纳税人按月报税（季报为每个季度报一次，月报即每个月报一次）。一般企业有5个税种需要进行申报，分别是增值税、企业所得税、个人所得税、印花税、附加税。企业线上税务申报总结如表1-4所示。

如果企业在纳税申报的所属期间没有发生应税收入，也没有应纳税额的情况发生，需要零申报。同样，小规模纳税人为季报，一般纳税人为月报。

一般来说，企业可以零申报6个月，不建议超过6个月，否则就会被税务局稽查，容易被列入重点监控对象。申报期限一般是每月前15天，如果逾期申报，需要带着资产负债表、利润表、填写的税务报表（增值税申报表）到当地国税大厅申报，并且可能会被处以逾期申报罚款。

表1-4 企业线上税务申报总结

| 税种 | 小规模纳税人企业（季度） | 一般纳税人企业（月度） |
| --- | --- | --- |
| 增值税/附加税 | ①进入电子税务局点击登录；②点击【我要办税】下的【税费申报及缴纳】；③点击左侧【申报清册】下的【按期申报】；④选择申报期限并点击【填写申报表】进入申报表页面；⑤核对金额、系统数据等信息是否正确，根据实际情况调整；⑥点击【申报】（若审核不通过则返回检查更正数据）；⑦审核通过则弹出【申报成功】页面完成申报；⑧点击下方【缴款】进行缴税 | ①登录电子税务局；②选择【我要办税】；③点击【税费申报及缴纳】；④点击【增值税及附加税费申报】；⑤点击【增值税及附加税费申报（一般纳税人适用）】；⑥按规定选择加计抵减政策的声明并填写；⑦依次填写申报附列资料，完成后保存；⑧核实填报数据；⑨点击【申报】即可 |
| 企业所得税 | ①根据利润表、资产表填写；②进入电子税务局，点击【我要办税】—点击【企业所得税申报】；③进入【预缴纳税申报】；④填写季末国家限制或禁止行业、小型微利企业营业收入、营业成本、利润总额附报信息；⑤填写后5张特殊减免（一般为0）；⑥点击下一步审核无误便可确定申报 | |
| 个人所得税 | ①打开自然人电子税务局（扣缴端）；②登录（企业社会信用代码）；③人员信息采集；④综合所得税申报；⑤填写工资；⑥税款计算；⑦申报报表报送；⑧三方协议扣款；⑨申报查询 | |
| 印花税 | ①点击进入电子税务局；②点击【我要办税】；③税费申报及缴纳；④综合申报；⑤财产和行为税合并纳税申报；⑥印花税税源信息采集；⑦弹出框：选择所属日期；⑧填写纳税证书、日期、计税金额或社保；⑨登记报送：财产和行为税申报页面；⑩点击左下角所属日期：勾选印花税；⑪点击下一步：报送、扣款 | |

企业零申报税务申报流程如下：

（1）在计算机桌面打开国家税务总局××省（市）电子税务局；
（2）右上角登录；
（3）进入纳税页面选择【我要办税】；
（4）小规模增值税零申报进入申报表，报表界面不用填写，直接点击保存即可；
（5）一般纳税人增值税零申报进入报税页面，确保进项、销项为零，然后保存申报即可；
（6）申报完成记得清盘（税控盘）。
注：数电票无须抄税清卡。

## 税款缴纳

税款缴纳是纳税人通过所在省（市）电子税务局完成申报后的步骤，纳税人可选择系统提供的缴税方式，按照提示完成税款缴纳，其前提是纳税人完成申报后产生了应征税款。

税款缴纳的方式有自核自缴、申报核实缴纳、申报查验缴纳、定额申报缴纳四种。根据生产经营规模、财务制度以及会计核算是否准确的标准，由主管税务机关确定纳税人采取何种方式进行缴纳。

（1）自核自缴方式。即企业按照税法规定，自行计算应纳税额，填写纳税申报表和税收缴款书，到开户银行解缴应纳税款，并向主管税务机关办理纳税申报，报送纳税资料和财务会计报表。适用于生产规模较大、财务制度健全，会计核算准确的企业。

（2）申报核实缴纳方式。在将上述相关资料报送后，经主管税务机关审核，纳税人按规定期限到开户银行缴纳税款。适用于生产经营正常，财务制度基本健全，账册、凭证完整，会计核算较准确的企业。

（3）申报查验缴纳方式。对于财务制度还不够健全、账簿凭证不完备的固定业户，应如实向主管税务机关办理纳税申报，并提供其生产能力、原材料、能源消耗情况及生产经营情况等，经主管税务机关审查测定或实地查验后，填开税收缴款书或者完税凭证后进行缴纳税款。

（4）定额申报缴纳方式。对于生产规模较小、建账能力或者账证不健全、不能提供准确纳税资料的经营场所固定的业户，比如，小型早餐店的个体工商户，需按照税务机关核定的销售额和征收率，在规定期限内向主管税务机关申报缴纳税款。

税款缴纳流程如下（各地区程序存在些许不同）：

【1】打开电子税务局—【我要办税】—申报征收—清缴税款；

【2】点击【立即缴款】；

【3】选择下方的缴纳方式：

方式一：签订委托银行代扣税款协议缴税

比如，中国工商银行、中国建设银行、交通银行等，纳税人名称与所签订三方协议的账户名称一致。

方式二：第三方支付扫码缴税

在系统生成二维码后，使用微信、支付宝或云闪付等第三方移动支付工具扫描该二维码完成款项缴纳。

方式三：银行端查询缴税

打印《银行端查询缴税凭证》后，持该凭证及缴款账户开户信息前往人民银行 TIPS 系统联网银行线下网点进行税费缴纳，部分银行支持手机银行线上缴税，具体操作可咨询开户银行。

方式四：POS 机刷卡缴税

纳税人在办税服务厅有税费缴纳需要，可使用 POS 机刷卡缴税。

方式五：数字人民币缴税

个别地区创新推出的新型税费缴纳方式，出示数字人民币钱包 App 中的付款二维码，由前台人员扫码完成缴纳。

【4】选择以上一种方式支付即可完成税款缴纳。

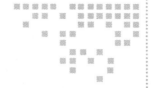

# 金税工程与数电票

第二章 CHAPTER 2

## 第一节　金税四期：让税务违法无所遁形

说到金税工程，我国其实有十二个"金"，金税工程便是"十二金"工程之一，总称为中国税收管理信息系统（China Tax Administration Information System，CTAIS），它是一个不断完善税收管理制度的庞大系统工程。

除了税收领域的金税工程，还有其他领域的系统工程，比如安防领域的称为金盾工程。金税工程从1994年开始实施，到现在已经是第四期了，它的背景是做增值税的管控。

金税一期时，还是手写的发票，数字主要靠手动填写，因此，发票的造假成本和门槛较低，那时的一张发票几乎等同于现金使用，这就造成了当时犯罪分子虚开、代开和伪造增值税专用发票等违法犯罪行为十分猖獗，这一点从增值税入刑法就可以看出。增值税是18个税种中唯一一个被纳入刑法的税种。因此，国家便提出了金税工程，然而这一工程在1996年却被暂时搁置，原因是每开一张发票需要人工审核、手工检查，不仅工作量大，错误率也高，于是，国家便于1998年启动了金税二期工程。

金税二期主要目的是强化发票监控，打击发票犯罪。2001年，国家全面开通了由增值税防伪税控开票、防伪税控认证、增值税稽核、发票协查信息管理组成的四大系统，这是一个电子信息的采集系统，不仅实现了全国联网运行，还实现了税务征管流程的基本自动化，手写的发票逐渐退出了历史舞台,发票也变成了电子发票。

金税三期的关键点则在于"以票控税",相比以前,金税三期第一次实现了各级税务机关的数据互联,能够初步实现运用大数据分析监管纳税。但是,金税三期所基于的数据分析建立在税务部门所掌握的数据量上,说白了就是企业在申报纳税、开票时向税务部门提交的数据。若企业有意不开票、进私账或恶意谎报数据,提交虚假的财务报表,那么金税三期也只能基于该数据进行分析。也就是说,虽然金税三期实现了各级税务信息数据的互联互通,但是无法规避企业的道德风险,数据样本量相较于以前实现了量的飞跃,数据的质量却没有同步提升。

所以,针对企业的道德风险,仅仅依赖金税三期系统无法实现有效监管,此时还离不开税务稽查人员的主动性,当然也包括相关主体的税务举报。换句话说,金税三期不能彻底解放税务稽查人员的双手,在金税三期时代,税务部门主动介入仍有很大必要。

金税二期以前,金税工程系统存在数据样本量不足、国地税数据各自为营的情况,金税三期以后,金税工程统一了全国地税、国税征管系统,打通了各级税局数据,首次覆盖所有税种,系统中的基础数据库的数量及质量均有较大提升。金税四期也建立在金税三期打通所有税务环节、税务数据的基础上,进一步打通、合并为税务数据,使得税务监管更加立体、全面。金税四期此时的关键词是"以数治税",税收的从严监管已成大势,而这时,我们开始进入一个"天网时代"。

自1994年至今,我国历经了金税工程建设的四个阶段,金税四期于2020年启动,是金税三期的升级版,其采用大数据、云计算、人工智能以及区块链技术进行升级改进,目前正是加速驱动企业智慧票税云转型的重大节点,预计2025年,90%以上的财务基础工作将会由智能机器人和智能软件来完成。

金税四期创造了全方位、全业务、全流程和全智能的税务监管系统,而相较于金税三期,金税四期增加了以下功能。

首先,范围上更加全面了。金税三期主要监管税务系统业务,未涉及一些非税业务,而金税四期涉及企业员工社会保险费、文化事业建费、垃圾处理费、土地使用权出让金等非税业务。

其次，数据处理上更加立体化了。各部委、人民银行及部分商业银行等共同搭建与各机构之间信息数据共享和核查的通道，相当于从"各自为战"到"多兵种合成作战"，对个人以及关联银行账户的全方位监管也越来越严格。这也将之前一些微小企业通过个人的私户或老板的私户频繁收钱的行为纳入了监管。

最后，系统管理上更加智能了。金税四期不仅能实时调取企业和法人的信息，更能实现企业人员手机号码、企业纳税信息状态、企业登记注册信息核查等功能，实现"人找数"到"数找人"，即金税四期会通过大数据、人工智能手段进行"个人建模"。如果说你的信用比较好，可以在线上办理全部相关税务事项；反之，如果你有一次违法行为，便可能会在税务局系统里被打上红色重点监管标签，正如税务监管所强调的"无风险不打扰、有风险必追究"。

总结下来，金税四期强大的功能之一就是画像管理，比如针对企业有"一户式"管理以及针对纳税人的"一人式"智敏监控，新的"一户式"查询更多的是针对增值税专用发票的领用和抵扣。在过去，国内有很多骗取出口退税的情况，因此，金税四期上线后，在出口退税、留抵退税等风险监控方面也更加完备。

简言之，金税四期就像建造一座四周都有铁丝网的监狱，罪犯想逃脱这座监狱可不是一件容易的事，就算"掘地三尺"，它的地基也有强大的数据智慧系统支撑着，也就是"以数控税"，通过全方位数据来还原个人和企业的基本业务收支情况。

例如，2023年深圳市警税联合依法查处一起虚开全面数字化的电子发票案件，摧毁犯罪团伙1个，抓获犯罪嫌疑人8人。在此案件中，犯罪团伙通过控制15户空壳小规模纳税人企业，在没有真实业务交易的情况下，涉嫌对外虚开生活服务类全面数字化的电子发票814份，价税合计金额754.51万元。

虚开发票一直是税务部门以高压态势打击的违法行为，在"以数治税"时代，税务部门税务稽查的力度只会更大，任何蛛丝马迹都可追踪查询。因此,企业必须强化税务合规,降低涉税风险,绝对不能心存侥幸,更不能触碰法律红线。

那么除此之外,金税四期的稽查重点是什么呢?有哪些需要重点防范的风险型企业?

金税四期大致有9类稽查重点:现金交易超5万元;公转公超200万元;私户转账金额过大,境内转账超50万元,境外转账超20万元;企业规模小但流水巨大;转入转出异常,如分批转入集中转出,或者集中转入分批转出;资金流向与经营无关;公户私户频繁互转;频繁开销户;闲置账户大量交易。

一些需要重点防范的风险型企业有空壳企业,个税与社保未足额缴纳、少缴个税和社保的企业等,此外,还有增值税异常抵扣、虚开发票、虚假开户企业,企业所得税异常、库存账不一致、常年亏损的企业等。

## 第二节 "数电票"是什么?

前面一节我们讲了金税四期,本节要讲的内容就是其突破口。接下来,让我们正式拉开"数电票"的序幕。

### 数电票的定义

数电票的全称是全面数字化的电子发票,之前也称为全电发票,由国家税务总局建设的全国统一的电子发票服务平台开具,全国统一的电子发票服务平台24小时在线免费为纳税人提供发票开具、交付、查验等服务,实现发票全领域、全环节、全要素电子化。

"全领域"是指覆盖全部种类发票,实现数电票开具、交付、财务归档、查验。

"全环节"即发票从开具、报销、入账到归档、储存,整个流程全部是电子化的。消除纳税缴费人领票、增版、增量、票表比对异常需审批或审核,环节多、耗时长的痛点。

"全要素"是指这张发票所记载的经济活动所有内在的、外在的联系,其电子数据都是互联互通的,是以数据电文形式采集及应用与税相关的全部交易信息,实现真正的共享。涵盖全部票种、全部行业,推动解决防范发票虚开虚抵和虚开骗税的难点,实现从"管票"到"控税",从"事前控制量"到"事中控税款",从"无差别控开票"到"精准化控抵扣"的提升。

数电票是与纸质发票具有同等法律效力的全新发票,其不以纸质形式存在、不用介质支撑、无须申请领用、发票验旧及申请增版增量,通过将纸质发票的票面信息进行全面数字化,将多种票种集成并为电子发票单一票种,实行全国统一赋码,自动流转交。截至2023年,最新公示显示,数电票共公布了17种样式,如图2-1至图2-17所示。

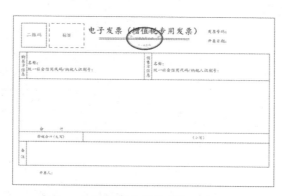

图2-1 数电票(增值税专用发票)

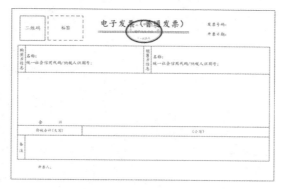

图2-2 数电票(普通发票)

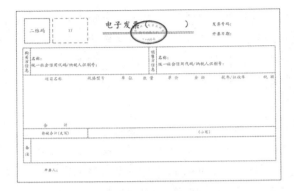

图 2-3　稀土数电票

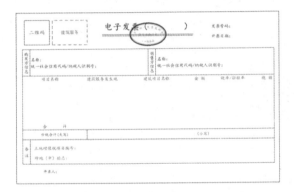

图 2-4　建筑服务数电票

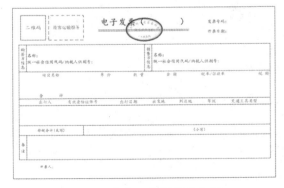

图 2-5　旅客运输服务数电票

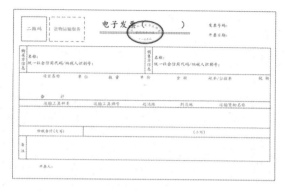

图 2-6　货物运输服务数电票

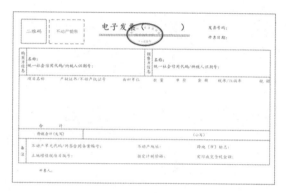

图 2-7　不动产销售数电票

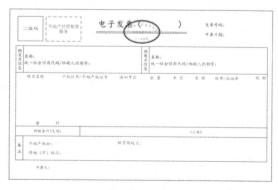

图 2-8　不动产经营租赁服务数电票

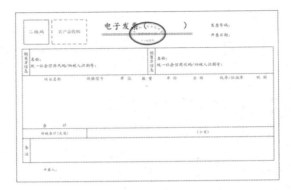

图 2-9　农产品收购数电票

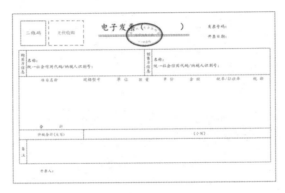

图 2-10　光伏收购数电票

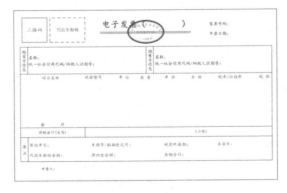

图 2-11　代收车船税数电票

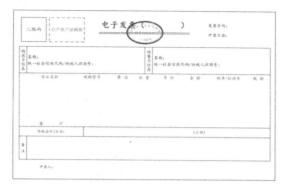

图 2-12　自产农产品销售数电票

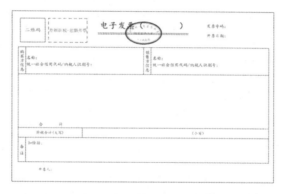

图 2-13　差额征税数电票（差额开票）

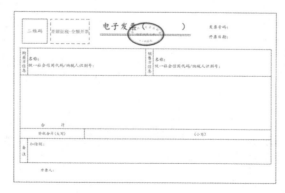

图 2-14　差额征税数电票（全额开票）

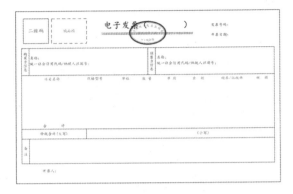

图 2-15 成品油数电票

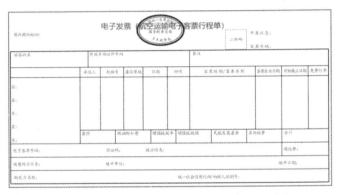

图 2-16 数电票（航空运输电子客票行程单）

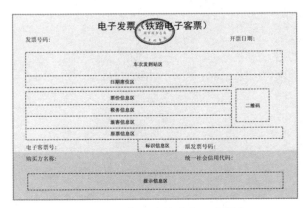

图 2-17 数电票（铁路电子客票）

## 数电票的特点

数电票过去称为全电发票，全称是全面数字化的电子发票。为什么要用这样的简称呢？"数"其实是在强调数字化的票税底座，凸显金税四期"以数治税"的核心，以大数据为驱动力，全面推进数字化升级和智能化的改造。那么，我们是如何推进发票数字化和智能化升级改造的呢？要回答这个问题，我们还需要从数电票的六大特点讲起。

### （一）去介质

数电票取消了防伪税控专用设备，纳税人不再需要预先领取专用税控设备，可以随时随地在计算机网页端、客户端、移动手机 App 端或者通过税企直连的方式开具发票，实现"认人不认盘"。

在这种情况下，纳税人开业后，无须再申领专用税控设备和进行票种核定，即可实现开业即开票。并且在往后经营中无须税控盘，也无须每月抄税，省钱也省事。

### （二）去版式

去版式即纳税人可以选择以数据电文形式（XML）交付，不再限定 OFD、PDF 等需要特定软件打开的特定格式。并且，发票数据文件将自动发送至开票方和受票方的税务数字账户，而税务数字账户可对全量发票数据进行自动归集，开票后自动发送至对方税务数字账户。此外，它还保留了邮件、短信等交付方式，以满足用户不同的开收票需求。

### （三）标签化

标签即标识，发票标签共 164 项，自动加签 84%。税务局通过打标签的方式实现对电子发票功能、状态、用途的具体分类，大大简化了当前发票票种的繁杂状况，可以实时归集发票流转状态。

此外，稀土、卷烟、建筑服务、旅客运输服务、货物运输服务、不动产销售等特定行业，特殊商品服务及特定业务的发票要素也有专门的栏目，其具体发票标签如表 2-1 所示。

表 2-1 发票标签

| 标签类型 | 标签类别 | 加签方式 |
|---|---|---|
| 一、纳税人管理 | （一）纳税人类标签（51个） | |
| | 纳税人类型标签（5个） | 前置环节自动加签 |
| | 纳税人信用等级标签（5个） | 前置环节自动加签 |
| | 企业行业性质类标签（36个） | 前置环节自动加签 |
| | 消费税纳税人标签（1个） | 前置环节自动加签 |
| | 出口企业分类管理标签（4个） | 前置环节自动加签 |
| 二、发票管理 | （二）发票集成类标签（27个） | |
| | 票种类标签（6个） | 人工加签 |
| | 特定要素类标签（21个） | 通行费发票：人工加签<br>自产农产品销售发票：人工加签<br>农产品收购发票：人工加签<br>光伏收购发票：人工加签<br>出口发票：人工加签<br>其他：本环节自动加签 |
| | （三）发票开具类标签（23个） | |
| | 发票开具方式标签（8个） | 本环节自动加签 |
| | 差额征税标签（2个） | 人工加签 |
| | 红字发票标签（8个） | 本环节自动加签 |
| | 特定征税方式（5个） | 自动加签/人工加签 |
| | （四）发票用途类标签（36个） | |
| | 增值税用途标签（11个） | 本环节自动加签 |
| | 增值税优惠用途标签（8个） | 本环节自动加签 |
| | 消费税用途标签（8个） | 本环节自动加签 |
| | 发票入账状态标签（6个） | 本环节自动加签 |
| | 注销用途标签（1个） | 本环节自动加签 |
| | 有奖发票标签（2个） | 本环节自动加签 |
| 三、税种管理 | （五）税款缴纳类标签（6个） | |
| | 车辆购置税税款缴纳标签（3个） | 本环节自动加签 |
| | 契税税款缴纳标签（2个） | 本环节自动加签 |
| | 自然人自开发票税款缴纳标签（1个） | 本环节自动加签 |
| | （六）其他管理类标签（4个） | |
| | 出口业务适用政策标签（3个） | 人工加签 |
| | 出口退税类标签（1个） | 人工加签 |
| | （七）税种优惠类标签（13个） | |
| | 增值税即征即退标签（12个） | 人工加签 |
| | 其他税种优惠标签（1个） | 本环节自动加签 |
| 四、风险管理 | （八）风险管理类标签（4个） | |
| | 成品油异常标识标签（2个） | 本环节自动加签 |
| | 发票风险类型标签（2个） | 本环节自动加签 |

## （四）要素化

发票要素是发票记载的具体内容，是构成电子发票信息的基本数据项，发票要素数量共216项，大致情况如下：

基本要素48个，是指电子发票具备的通用要素，如纳税人名称、商品名称及代码、规格型号、单价、金额、税额等；

特定要素166个，是指纳税人从事特定行业、特殊商品服务及特定应用场景等业务，开具发票所需填开的要素，比如货物运输服务需要填写起始地等；

附加要素2个，是指根据行业特点和生产经营需要，纳税人可自行增加的发票要素，更好地满足了企业内部管理诉求，推动"业票财税"数据的全面贯通和有序流动。

## （五）授信制

授信制是指税务机关依托动态"信用+风险"的体系，结合纳税人生产经营、开票和申报行为，自动为纳税人赋予可开具发票总金额的信用额度，并动态调整纳税人授信额度的业务事项，实现"以系统授信为主，人工调整为辅"的授信制管理。

授信额度是指纳税人在一个所属期内（一般是按月计算）最多可开票金额（不含增值税）的合计值。例如，每月最多能开多大金额？每张发票最高能开多大金额？若是数电票开票，计算机会自动授信给纳税人每月的开具金额总额，用完可以自动加，自动加量用完后，还能在线申请加额，税务局会在线审批。

## （六）赋码制

赋码制即税务机关通过信息系统在发票开具时自动赋予每张发票唯一编码的赋码机制。数电票开票前无须领票，开票后也无须验旧，只需登录税务数字账户直接开票，20位的发票号码自动赋码，本月发票开完时，智慧税务会自动加量续开。

以上便是数电票的六大特点，在受票方面，数电票实现了发票去版式、平台零切换和业财一体化。在管票方面，"要素化"使交易信息更集成;"标签化"使联动管理更高效;"授信制"使智能赋额更减负。

数电票就像一个药引子,有了这个药引子,我们就能在无形中为交易双方搭建一个协同网络,通过发票数据交换,实现从开票端到管票端的连接流动管理。

## 第三节 领票开票不再难:数电票的三大优势

在本节中,让我们通过一个具体的案例来体验一下领票开票的流程,以便更好地理解数电票的全新优势。数电票实施后,新办纳税人开业即开票,因此,我们设定:你有一个朋友老王,准备开一家公司。那么,为了更清楚地了解数电票是如何便利纳税人领票开票过程的,接下来,让我们一起跟随老王创业开票吧!

广东省A市的汽修从业人员老王退休后闲不下来,决定与一同退休的会计老胡一起重操旧业,开办广东A汽车维修有限公司(以下简称A公司)继续发光发热。

2021年12月2日,老王作为A公司的法人代表与担任财务负责人的老胡一起到行政服务中心办理业务登记,行政服务中心税务窗口干部小李在他们咨询税务事项时,告知系统已自动为他们核定"数电"发票,并授信了发票额度。

小李现场教老胡进入电子发票服务平台,老胡立即看到企业能够开具发票的授信总额度,并且已经可以开具"数电"发票了。

开业当天,A公司就获得了B公司的一笔订单,在收到款项并履行完合同义务后,财务负责人老胡立即决定试一试"数电"发票。老胡用财务负责人账号选择企业登录,在通过验证后进入"数电"平台。

老胡点击【我要办税】—【开票业务】—【蓝字发票开具】—【立即开票】—选择【增值税专用发票】,由于老胡预先录入了B公司的基础信息,点选购买方输入框后,系统便自动弹出B公司的基础信息,老胡随即予以确认。

随后,老胡在开票界面填写了汽车维修保养费,系统便智能匹配出对应的税收分类编码，不再需要事前在系统中录入项目名称才能带出对应的税收分类编码。老胡随后填写金额，系统自动给这张发票动态分配发票号码，并提示发票开具成功。

在这个过程中，老王和他的会计老胡是如何实现了开业即可开发票的呢？

首先，"去介质"使得他们（纳税人）不再需要预先领用专用税控设备。其次，通过"赋码制"，取消特定发票号段申领，发票信息生成后，系统自动分配唯一的发票号码，为老王的公司自动核定"数电"发票。最后，"授信制"自动为纳税人赋予开票总额度，无须办理任何手续，通过企业实名验证后，会计老胡使用电子发票服务平台即可开票，实现开票"零前置"。综上所述，数电票让领票流程更简化了。

由于本次 B 公司提交维修保养的是公司的"镇店之宝"劳斯莱斯幻影，费用达到了近 20 万元，以前新开办的企业最多只能开具 10 万元版的发票，超出金额只能开具多张发票或者向税务机关申请增加最高开票限额，现在通过授信制一张发票就完成开具。

A 公司成功开具发票后，B 公司办税员立即在自己公司的税务数字账户中收到了这张发票（XML、OFD、PDF），实现了"开票即交付"。

老王的 A 公司之所以成功开具发票后立马实现"开票即交付"，不再需要通过电子邮件、二维码或电子文件导出等方式进行交付，是因为数电票打破了特定格式要求，增加了 XML 的数据电文格式，以方便交付，同时保留了 PDF、OFD 等格式。不仅如此，老王还可以通过电脑网页端、客户端或移动端手机 App 随时随地开具数电票。

老胡拿出抽屉里的一叠汽车零配件发票，在数电平台的发票查验模块里下载模板，批量填写发票信息后重新导入回平台，点击"查验"按钮完成对发票的批量查验，一下就查到了这几张发票的真伪，不再需要另行登录全国增值税发票查验平台便能查询到发票，同时不再仅限于单张手工查验发票，也能批量查验发票。

接着，老胡在全电平台的勾选抵扣模块上勾选抵扣了最近收到的汽车零配件进项发票，同样不再需要另行登录发票综合服务平台，而且老胡也可以在"数电"平台中通过发票用途类标签直接查看发票状态（如是否已勾选等），实时掌握受票方的发票使用情况。

老胡在电子发票服务平台完成了发票开具、交付、查验以及勾选等一系列操作，享受"一站式"服务，无须登录多个平台便可完成相关操作，即使老胡在开票、受票等过程中有疑惑，也可以通过平台向税务机关提出，平台将自动接收纳税人在业务处理过程中遇到的问题并进行智能答疑。

除此之外，通过"一户式""一人式"发票数据归集，对 A 公司的税费信息实现了智能归集和智敏监控。总体来说，在开票渠道多元化、"一站式"服务、发票数据应用广泛度等方面，数电票让开票、用票更便捷了。

下班后，老胡和老王一起聚餐闲聊时感慨道："现在税务局的平台真是越来越方便了，点几下、填几个数字就能开具发票，什么都不用操作对方就能自动收到发票，平台都不用切换就可以直接查验和勾选发票，到时我再进行发票入账归档也就容易多了，真是给我们企业财会人员省去了很多麻烦。"

最后，会计老胡在后期管理 A 公司财务工作时，可以通过企业改造 ERP 等财务软件进行对接，实现发票报销、入账、归档一体化操作，推进本企业单位会计核算和财务管理信息化，即数电票实现了入账归档一体化。

通过老王和会计老胡的创业开票经历，我们可以清晰地感受到，数电票全流程改革后，纳税人真正实现了开业开票"无缝衔接"。

## 第四节　票面信息：一图帮你看懂数电票

数电票的票面信息是纳税人或公司财务人员必须掌握的知识，只有在掌握票面信息后，才能更快速、更准确地完成开票。

因此，在本节中，我们将具体了解数电票的票面信息。数电票作为一种新的发票形式，在某些方面延续了以往发票的票面设置，但又在许多地方进行了优化提升。目前,数电票的票面信息包括基本内容和特定内容两部分。

## 数电票票面信息的基本内容

为了符合纳税人开具发票的习惯,数电票的基本内容在现行增值税发票基础上进行了优化,主要包括动态二维码,标签发票号码,开票日期,购买方信息,销售方信息,项目名称,规格型号,单位,数量,单价,金额,税率/征收率,税额,合计,价税合计(大写、小写),备注,开票人。

我们以稀土电子发票为例,如图 2-18 所示。

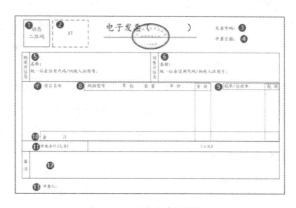

图 2-18 稀土电子发票

①动态二维码:纳税人可通过扫描动态二维码查询发票的实时状态,如打印次数、红冲信息、退税信息等。

②标签:稀土、卷烟、建筑服务、货物运输服务等特定业务名称。

③发票号码:发票号码为 20 位。

【第 1、2 位】共 2 位——代表开票年份的末 2 位;

【第 3、4 位】共 2 位——代表省级行政区划编码;

【第 5~20 位】共 16 位——代表顺序编码等信息。

④开票日期:按开票时间填写。

⑤购买方信息：名称为营业执照全称（不能错字/漏字）；统一社会信用代码/纳税人识别号（居民身份证号码和组织机构代码）。

⑥销售方信息：名称为营业执照全称（不能错字/漏字）；统一社会信用代码/纳税人识别号。

⑦项目名称：根据提供服务方所提供的服务项目名称来填写，此处内容根据业务的不同进行填写。

⑧规格型号、单位、数量、单价、金额：必须填写。其中服务劳务确实没有单位数量的可以不体现；销售不动产需在单位栏填写面积单位；成品油单位栏填吨/升，数量栏为必填项；稀土则在单位栏选择千克/吨，数量栏按照折氧化物计量填写。

⑨税率/征收率、税额：与税收编码前半部分一致。免税即填"免税"字样；零税率即填"0%"；与销售行为不挂钩的财政补贴收入等即填"不征税"。

⑩合计：在对应栏填写合计总数。

⑪价税合计："金额"与"税额"合计数相加，合计数字分大小写。

⑫备注：常见必写的备注栏有货物运输服务/差额征税开票/建筑服务/销售、出租不动产/保险代收车船税发票/销售预付卡/铁路运输企业提供货物运输服务/农业机械销售。

⑬开票人：开票人姓名。

## 数电票票面信息的特定内容

为了满足从事特定业务（特定行业、经营特殊商品及特定应用场景业务）的纳税人开具发票的个性化需求，税务机关在数电票中设计了相应的特定内容。

特定业务包括但不限于稀土、卷烟、建筑服务、旅客运输服务、货物运输服务、不动产销售、不动产经营租赁、农产品收购、光伏收购、代收车船税、自农产品销售、差额征税等。

试点纳税人在开具发票时，可以根据实际业务填写特定内容栏次，进一步规范发票票面内容，便于纳税人使用，如图2-19及图2-20所示。

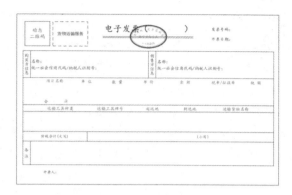

图 2-19　货物运输服务电子发票

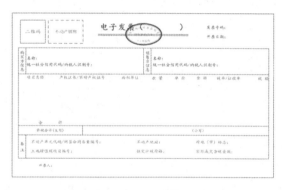

图 2-20　不动产销售电子发票

可能有人会感到疑惑，数发票与现有的发票样式有什么区别？或者数电票和使用税控设备开具的电子发票主要区别是什么？

从图 2-19 及图 2-20 中我们可以发现，一是数电票票样将原有"发票代码+发票号码"变为 20 位发票号码，取消了校验码、收款人、复核人、销售方（章），同时取消了发票密码区；二是数电票特定业务会影响发票展示内容，不同的特定业务展示的发票票面内容不同；三是数电票将原备注栏中手工填列、无法采集的内容设置为固定可采集、可使用的数据项，并展示于票面上。

数电票主要是利用互联网开具发票，与使用传统的税控设备开具的电子发票有以下不同。

一是管理方式不同。对于数电票，纳税人开业后，无须使用税控专用设备，无须办理发票票种核定，无须领用数电票，系统自动赋予开具额度，并根据纳税人行为，动态调整开具金额总额度，实现开业即可开票。

二是发票交付手段不同。数电票开具后，发票数据文件自动发送至开票方和受票方的税务数字账户，交付入账便利，减少人工收发。而使用税控设备开具的电子发票，开具后需要通过发票版式文件进行交付。

## 第五节　实施策略：从"以票控税"过渡到"以数治税"

每项新政策从出台到落地总要经历一段过渡性过程，不可能一步到位，数电票的落地状况也一样，我们可以从受票安排、开票安排以及单轨策略这几个方面，对数电票试点推广的过程以及整体目标进行了解。

### "受票安排"

按照分类施策原则，"受票安排"采用的是由点到面、小步快跑的方式，分阶段稳步扩大试点范围，将内蒙古自治区、上海市和广东省（不包含深圳市）3个试点地区的纳税人受票范围扩大到全国，保障发票"三省开、全国用"，避免"大水漫灌"造成受票服务的拥堵和基层被动分散应对的局面。

### "开票安排"

开票安排以一体式风险防控为基础，坚持信用+规模"大、中、小"分类推广策略，做好开票试点纳税人推广及全程风险管控，稳妥推进数电发票开具全国的推广。实施策略主要分成三个部分：

"灰名单"剔除用票名单。即以下不用税务数字账户的企业：汇总缴纳增值税的总分支机构企业；使用第三方接口用票业务的大型企业；成品油企业；军工企业等因业务需要不使用网络开具发票的企业；出口退税企业；试点省认为应纳入用票"灰名单"的其他企业。

"负面清单"设置准入门槛。对于低信用、存在风险的新办、存量纳税人实施"负面清单"管控，暂不纳入开票试点范围，以管控"大循环"阶段发票风险。

"白名单"实现全国受票。优先实现全国范围受票的企业有泛制造业、成品油、乐企、单轨运行企业。

## "单轨策略"

目前数电票的试点工作已经覆盖了全国各个地区，参与试点的新版纳税人在全量使用数电票，但对于存量企业还在分批推进试点，因而出现了"单轨制"纳税人和"双轨制"纳税人。"双轨制"开票则是同时使用电子发票服务平台开具数电票以及使用税控设备开具纸票和电票，而"单轨制"开票即不再使用税控设备开具纸票和电票。"单轨制"还分为"电票+纸票"单轨和电票单轨，前者为准单轨，仅用一种电子发票；后者为纯单轨，仅用全电平台开票。

推广前，纳税人通过使用税控系统开具税控电票或税控纸票，其具体流程如图 2-21 所示。

图 2-21 以票控税系统流程

试点推广后，实施电票单轨开具发票，具体情况可分为以下四种：

第一种，大多数企业纳入数电试点，使用数电平台开具电子发票和少量的纸质发票，其具体流程如图 2-22 所示。

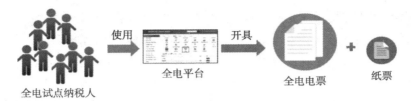

图 2-22　全电试点纳税人开具发票流程

第二种，少数负面清单风险企业不纳入数电试点，严格发票审批流程，仅可使用税控系统开具纸质发票，不得使用电子发票，其具体流程如图 2-23 所示。

图 2-23　负面清单风险纳税人开具发票流程

第三种，不愿试点纳税人，对于信用好、风险低的纳税人尊重其习惯，保留纸票，同时自然过渡到数电发票，其具体流程如图 2-24 所示。

图 2-24　不愿试点纳税人开具发票流程

第四种，特定业务及第三方纳税人，比如机动车等特定业务纳税人，或成品油、第三方开票纳税人暂不打扰，尊重其开票习惯，适度引导，其具体流程如图 2-25 所示。

图 2-25　特定业务及第三方纳税人开具发票流程

"单轨制"开票是大势所趋，但由于过渡期间同时存在纸质发票、电子发票、数电票，一方面开具平台不一致，数据难以统一；另一方面流转形式改变。那么如何快速进行系统的平滑切换，开票工作如何衔接和同步也成为企业亟待解决的问题。换句话说，我们在了解数电票之后，在数电票的试点推广浪潮中，对与之息息相关的企业和开票员提出了什么样的要求和关注点呢？

（一）对企业

对企业发票、税务风险管理能力提出了更严格的能力要求。相较于纸质发票，非数电时期若上游企业开具发票后恶意作废或红冲，下游企业是很难发现的，现在数电票一旦交付便不可作废，只可红冲。金税四期背景下，企业应更加重视内控与合规问题，建立多维度风险评估和预警指标体系，从多个角度设置风险控制点和监控方案，用积极的态度与措施提升企业税务合规程度，实现企业税务风险动态监控。

（二）对开票员

首先，对纳税人审核发票工作提出了更高的要求。数电票不再依托纸质介质，在发票管理过程中或许会有重复报销的可能，这对财务审核人员的发票稽核工作提出了更严格的要求。

其次，开票可溯源，财务人员能够更好地规避风险。数电票票面信息取消了收款人和复核人，仅保留了开票人，在办税实名制背景下，企业的开票行为如果有异常，可精准锁定开票员本人，这对财务人员的工作提出了更高的要求，财务人员需要更加注意自身风险，更加谨慎处理工作。

最后，在开票中，由于增加了人脸识别功能，能有效防止身份盗用。开具数电票需要由登录开票的本人（法人或开票员）验证实名信息和人脸识别，尽管这样会麻烦一些，但从另一个层面来说，能有效防范不法分子盗取、冒用他人的个人身份信息开展涉税违法活动的情况，对个人和企业都有好处。

# 数电票的功能与操作

第三章 CHAPTER 3

## 第一节 数电票功能介绍

宏观来看,我国税务机关通过电子税务局集成电子发票服务平台,这一平台能够支持数电票实现的功能有近 200 项,覆盖了我们实际生活及生产中使用发票的各类场景。但是如果我们只是按图索骥,是无法充分发挥平台优势的。在本章中,我们会将数电票的功能进行拆解,按照电子发票服务平台的相关设定与指引,帮助大家掌握更多数电票的操作技巧,以此更有针对性地处理涉税事务。

通常我们按照使用功能将数电票分为三类:开票功能、用票功能和管票功能。

开票功能主要是指借助电子发票服务平台的智能系统,开具发票和交付发票,它可以被视作两个自动具有承接关系的环节。

用票功能主要包括对已经开具完成的发票进行入账、勾选抵扣、申报以及特定发票查询。

管票功能则是从细度和广度两个层面分别将平台上所有的发票进行数据归档,一方面便于税务机关防范特殊业务发票,高效管理各类税务;另一方面能够更加直观地对行业经济进行宏观分析。

**数电票的开票功能**

目前,我国采取全国运行统一的电子发票服务平台进行数电票开票,纳税人需在集成的电子发票服务平台登录数字税务账号,开具数电票,其主要包括网页版、移动端以及数据接口服务渠道。需要注意的是,运用最新的政策并不意味着新规定会推翻以往的开票方法,平台同时支持开具纸质发票以及特定业务类的发票。

数电票在原有的几种发票开具方式上,新增了扫码开票的方式。比如,在门店消费的时候,如顾客需要对应消费发票,若店内事先准备了带有门店基础信息的开票二维码,那么顾客就可以直接扫码,自行填好相关信息,便能很快获得一张数电发票了。这使得整个发票开具的流程变得省时省力,略去了以往普通发票开具中的许多繁杂步骤。

(一)登录电子税务账号

在登录电子发票服务平台时,纳税人需要进行跨程序刷脸等可信身份认证。完成实名认证,一方面可以对税务行业的人员信息进行权威筛查,另一方面也能有效避免重复性的身份录入。后续,我们只要注重保持企业或个人数字账号实名认证的有效性和持续性,不再需要对税务专用设备和网络等条件设限。

同时,这样的管控也实现了税务机关 24 小时按需办公,免去了反复核查、定点工作给用户带来的不便。

(二)按照数电票标签分类

进入开票界面之后,我们会发现,数电票新增了选择票种类标签,或者有需要加载的特定要素类标签的功能。智能系统能够按照实际流通的发票标签对数电票进行归档整理,自动对特定要素信息进行全量的信息采集,实现"开票即采集"。特定的业务类型标签目前显示在新的数电票版面左上角。

比如,当用户在进行农产品流通开票时,系统会自动加载出农产品相关的要素标签,同样,在用户查询除农产品之外的其余标签时,也可以精准反选得到相应发票。无论是查询发票还是重新修改发票的状态,都能够更加精准地定位单一发票。

### （三）为数电票赋码

完成了开票操作之后，系统会自动给每一张发票赋予独有的 20 位数电票号码，取代以往使用预制发票代码和发票号码的编码方式。我们可以注意到，新的发票密码区已经不再显示发票密文，也没有再扎堆显示特定业务的相关要素，而是只有平台赋予的 20 位号码以及可提供全国增值税发票验查的平台网址。

另外，开具发票过程中产生的数据资料仍然需要从"一户式"角度归集和存储，但由于新系统才推动上线不久，难免会存在漏网之鱼。实操时，我们会发现，系统有时会出现线上采集不成功，或者显示不具备线上采集条件的情况。因此，税务机关会在用户进行重启等操作不成功时，仍然持续提供线下资料采集服务，采集离线情况的相关信息，以保证对离线设备信息的数据同步。

通过对上述优化功能的认识，我们足以窥见数电票开票的优势。实际上，在学习了如何实际操作开票功能后，我们能更直观地感受到，由于系统的智能设置，开票平台已经包揽了更多机械性的工作，不管是使用者还是管理者都可以更加精简、快捷地处理税务业务。

## 数电票用票功能

用票一般是指开票成功后，对发票的进一步算税、勾选和加计扣除勾选、申报和查询。不论销方还是购方，都能通过用票功能完成涉税事务的处理：作为销方，可以查询用票状态；作为购方，则能得到发票使用状态的信息同步。

两方信息清晰且同步更新，有效地避免了以往由于信息不对等而产生的涉税风险和财务管理风险。电子发票服务平台增加了不少自动管理工序，很难再出现因信息差而出现的欺瞒情况，简化了很多复杂的财务管理工序，同时推动了税务机关的事后管理向企业之间自我约束的转变，实现"自治"与"共治"。

在日常生活中，我们接触最广的发票业务主要集中在算税、授信额度调整、勾选抵扣、发票查询等功能上。针对人机交互的业务入口，分级设立目标明确，可以使我们通过发票的业务名称直截了当地找到适用的业务选项，极大地提升了实操体验。

此外，在实际生产中，有的人可能会出现操作有误的情况，造成进项税额抵扣不正确的结果，从而导致自己无法享受到全面的税收优惠政策。因此，针对农产品的收购和销售发票等凭证，智能系统设置了由手工计算列进申报表转变为系统自动预填，加上针对发票的标签化分类，解决了特殊业务容易出错的问题，提高了申报准确性。

由上可知，针对勾选发票与加计扣除等业务，现在系统可以自动填写，不仅避免了手动填写出现的错填、漏填情况，也防止了特殊行业纳税人群税收优惠享受不全面等的问题，解决了更多特殊行业的进项税额问题，同时提升了税务机关精准监管的水平，真正起到了"寓管理于服务"的作用。

## 数电票管票功能

金税四期推出的数电票，主要实现了标签化、授信制、赋码制等管票功能。国家与各级税务机关根据具体工作需要，在遵循保密要求的前提下，被赋予相应级别的数据权限。在本级权限内，地方或者更小单位的税务机关能够查询、导出相关数据，并通过全量查询等功能对数据业务的应用进行不断优化。

近几年，各行各业都开始注重经营业务效率而弱化管理层级的设置，例如腾讯、华为等互联网大厂更加提倡和奉行扁平化的管理模式，通过简化流程和层级提高效率，节省项目流转成本；反观国家，则更加推崇不同层级各司其职，差异化的应对管理机制才是国家税务体系更需要保持和优化的管理风格。

以往，发票的事后管理难度较大，然而，现在通过智能平台的运转，我们已经逐渐将风险的事后管理转向了事中的风险应对，甚至是事前的风险预测。提前预防损失，不仅指财务上的风险降低，人力降本也是重要因素。因此，预设风险并提前做好应对准备是国家节省治理成本的有效措施。

### （一）数电票管理方式

数电票简化了实物发票的管理功能。目前，有关发票印制企业、发票防伪用品、发票计划、发票库存的管理业务也都被一并取消了。税务部门现在只提供数电票的基本要素与格式规范的具体要求，不再按照统一的要求规定发票的具体版式，只让发票以数据电文的形式存在，这在一定程度上方便了跨公司之间的业务通信，也提倡了非必要的无纸化办公模式。

### （二）发票应用场景管理

数电票管理优化还体现在针对特殊业务的管理、发票数据的查询统计、日常风险的预警管理以及一体式应用管理上。国家对于特殊行业，比如成品油企业、稀土企业、机动车企业、卷烟企业等还需要加强监管，此外，一些调整库存量的业务和批量异常票据的业务，也需要安排专项管理。管理区别于普通增值税发票，专项管理实际上是为了对容易判断不清是否有错的数电票进行更深入的筛查，同时是对更容易出错的数电票的排查。

### （三）发票分类与要素查询

目前，平台针对数电票发票相关的数据增设了查询模块，对数据应用的业务进行优化，比如商品和服务税收分类的编码、第三方涉税信息以及特定管理等。新的政策通过标签化、要素化和全量化的智能采集处理措施来管理我们的交易行为。

例如，系统会对煤矿运输等行业的具体行程信息进行特定要素的数据采集，比如某地多少吨煤矿是哪天、几点运往另一地的，行程中间产生的费用和煤矿的损耗实际上都会影响交易结果，系统将通过时间标签、业务板块或者时间要素进行归纳，便于事后查询。

结合前文第一项中提到平台对于纸质发票的淘汰，现在的发票查询相当于将对繁复的纸质发票管理转变为对简化后的发票数据的管理。一方面减少了物理介质干涉，另一方面保证在全面覆盖的基础上精细发票数据的颗粒度，在需要进行发票查询的时候能够高效定位我们想找到的发票信息。

（四）发票管理的针对性调整

基于数电票的特点，总局、省局层级新增了对票标签、赋码规则、发票要素、商品和服务税收分类编码、发票授信额度进行信息管理维护的业务。结合前文，地方发票规则的本土调整是很有必要的，因为地方的经济发展重点各不相同，进行信息维护和数据信息管理的模式也需随之变动。并且在支持软件系统方面，网站内部的布局在本地是侧重协调进出口贸易、资源配置还是农产品生产等功能，可以根据地方不同自行改造。

全国共计36个省级税务机构，也就是我们常说的36个税区，包括23个省、5个自治区、4个直辖市；5个计划单列市税务局，除深圳外还有青岛税务局、宁波税务局、大连税务局和厦门市税务局。每个税区都极富特点，拥有不同方向的行业影响力。因此，无论是统一的基础信息维护要求还是特殊的针对性结构调整，都是为了更好地服务经济发展和防范税收风险。

针对成品油管理的调整就是一个特殊但典型的转变。目前，成品油管理按照"总局集中"的模式进行。成品油发票在线开具之后，国家系统会实时调整库存量，通过"票库联动"的形态实现针对成品油购买、销售、保存的在线统一管理模式，极大地减小了数据运输的时间信息差，同时能保证国家系统实时掌握企业的成品油库存变动情况，此外还能有效防止虚开发票的情况出现。

在这种情况下，如果带有"成品油进销"标签的企业当前库存情况显示为0，那么系统便会自动截断其开票流程，有效防范企业预开发票；而对于成品油单价过低的企业，系统会自动在其所开具的发票上添加"成品油单价异常"的标签，锁定发票，使其无法交付出去，在事情发生过程中实现风险阻断防控。

截至 2023 年，全新的数电票不仅实现了针对"非税"业务的监察和管控，还实现了更多信息共享、信息核查、智慧监管、智能办税的功能。虽然通过上述介绍我们已经大致了解了数电票的功能范围，但是新型系统服务仍然在不断成长中，税务机关仍在电子发票服务平台持续提供征纳互动的相关功能，以进一步提升纳税服务渠道的通畅性。

## 第二节　详解数电票的授信额度

数电票的授信额度是指纳税人在一个月内（一般情况下所属期按月计算）最高能够开票金额的合计数。从企业层面来说，就是企业在一个自然月中能申请开具发票的最大数额（不含增值税）。其中不仅包括电子税务局开具的数电发票部分，还包括之前税控设备开具的传统发票部分，也就是纸电发票。

双轨试点纳税人受到授信规则统一管理，包括税控发票申领环节和数电发票开具环节。目前，企业可以共用一个授信开具金额总额度的发票包括通过电子发票服务平台开具的数电发票、纸质专票和纸质普票，通过增值税发票管理系统开具的纸质专票、纸质普票、卷式发票和电子专票，以及电子普票。因此，我们无须担心由于数电票"改头换面"带来的各类财税信息衔接不畅而导致的授信额度计算不齐的问题。

在实际操作中，我国各地经济发展程度不同，因此，目前数电票的授信额度支持每个省份根据本地的风险管理指标做出有针对性的调整。比如，在农业比较发达的省份，可以在农产品方面设定相对占比更大的金额；而在小商品经济比较发达的省份，可以设定产品流通增值相对占比更大的金额。

**授信额度的申请方式**

目前，我们申请开票授信额度主要有两种方式，一种是初始授信，另一种是月度动态授信。

## (一)初始授信

根据现在的评定规则,一般我们可以根据自身的纳税风险和信用级别,得到一个初始的开具金额总额度,新成立的企业一般可以申请到 250 万~500 万元的额度。在之后的生产使用周期中,如果发现额度使用有较大的金额出入,还可以按照实际的运营情况到电子税务局申请调整。

如果申请时发现自身情况属于存量纳税人,一般得到的开具金额总额度会参考原来票种的核定信息,再结合原来的生产经营、开票和申报的情况来确定。同样,如果发现授信金额总额度与实际生产使用中的每个周期都有数额差距,也可以在网上申请额度调整,恢复成最适合自己企业的总额度。

## (二)月度动态授信

月度动态授信是根据企业纳税人的动态情况调节总额度的一种方式。每月 1 日或者使用电子发票服务平台开具发票的时候,系统会依据企业的风险类别、授信额度使用情况,自动对本月开具金额上限进行调整。纳税人风险等级划定及根据纳税人风险等级划定的授信额度情况分别见表 3-1 和表 3-2。

如果风险等级保持Ⅰ类或者Ⅱ类不变,那么这个月的授信额度就是将对应等级默认的授信额度与上个月实际的月初授信额度相比较,由系统选出较低的那个金额数值作为授信额度。

表 3-1 纳税人风险等级划定

| 信用 | 风险 | | | |
|---|---|---|---|---|
| | 无风险 | 低风险 | 中风险 | 高风险 |
| 白名单纳税人 | Ⅳ类 | Ⅳ类 | Ⅳ类 | Ⅰ类 |
| 高信用积分纳税人 | Ⅳ类 | Ⅳ类 | Ⅳ类 | Ⅰ类 |
| 中信用积分纳税人 | Ⅲ类 | Ⅱ类 | Ⅱ类 | Ⅰ类 |
| 低信用积分纳税人 | Ⅱ类 | Ⅱ类 | Ⅱ类 | Ⅰ类 |
| 严重失信纳税人 | Ⅰ类 | Ⅰ类 | Ⅰ类 | Ⅰ类 |

表 3-2　根据纳税人风险等级划定的授信额度

| 纳税人风险等级 | 授信额度 |
| --- | --- |
| Ⅰ类 | 1000 元 |
| Ⅱ类 | 250 万元 |
| Ⅲ类 | 750 万元 |
| Ⅳ类 | 1000 万元 |

如果风险等级保持Ⅲ类或者Ⅳ类不变，那这个月的授信额度就和上个月一致，不发生变动。

如果风险等级发生变动：

（1）在Ⅰ类变为Ⅱ类的情况下，系统会默认本月的授信额度为 250 万元；

（2）在Ⅱ类变为Ⅰ类的情况下，上个月月初的授信额度与Ⅰ类等级默认额度（1000 元）相比的较低的数额，就是系统默认的本月授信总额度；

（3）在Ⅳ类变为Ⅲ类的情况下，本月的授信额度就是Ⅲ类等级默认额度 750 万元与上个月月初授信额度相比较低的那个数值；

（4）在Ⅲ类变为Ⅳ类的情况下，系统会取上个月月初授信额度与Ⅳ类默认 1000 万元中较高的数值，作为本月的授信额度；

（5）月中由Ⅰ类、Ⅱ类变为Ⅲ类或者Ⅳ类等级的情况发生时，可以触发系统调整临时授信额度，帮企业增加 20%或者 50%的总额度。

除了上述通过风险类别进行月初或者月中临时调整的情况，更多情况下，企业并不需要进行非常频繁的额度调整。因此，系统计算企业实际的开票行为周期会变长，从月度调整变为季度调整或者年度调整。

比如，连续 3 个月实际开票总金额都超过了月初的授信额度，那么，下个月调增后的授信额度就是系统计算这 3 个月实际的月度开票金额平均值。

再如，连续 12 个月实际开票总金额都没有超过每月月初的授信额度，那么，下个月调减后的授信额度就是系统比对出这 12 个月内单月实际最高开票总金额。

如果连续 3 个月实际开票金额超过月初授信额度，可以申请启动永久调增或者调减额度，按照授信类别与系统自动计算规则，确定出新的授信额度。

在实际生产中，很多纳税人没有掌握企业实际经营情况，这样就没有办法每个月都规划出最合适的申报数额。尤其是创业型企业，其初期是无法分配更多的精力在财税方面的，而通过系统计算动态调整授信的方式，电子服务平台代办了很多机械且长周期的数据分析工作，使企业能更放心地进行企业纳税管理了。

（三）人工调整

如果企业有额外需求，在基本完善的初始授信额度和动态授信额度方式之外，企业还可以通过"企税互动"的方式自行申请增加授信额度。

不过这里特别需要注意，申请人工调整有一个前提，这并不能称得上是一种通常的调整方法。如果企业确定自身现有的初始额度不够，并且通过系统自动发起的动态授信调整的方法也未能调整成企业所需金额，那么，在非人工渠道不能帮我们解决问题的时候，企业可以直接向税务机关提出申请。人工调整时还是会以动态调整的分级方式作为参考，这种保留人工调整的模式更为金税四期的实施增添了一件人性化的外衣。

如果企业不再需要进行人工调整，企业也可以通过电子发票服务平台设置"恢复动态授信"的功能，通过税务人员确认，下次的授信额度由系统执行后会直接生效，定成下月的授信金额总额度。

## 授信额度的扣除方式

目前，我们通过电子发票服务平台开具的数电发票，在确定的开具金额总额度之内，并不会有发票份数和单张发票金额的限制。在系统进行扣除的时候会发现，系统会根据发票开具的实际情况即时扣除实际已经开具的发票金额。

而通过税控系统开具的发票，在领用纸质发票的时候就会扣除总金额，数额就是领用份数乘以每张发票开票的最高限额。

由于开票金额在上一个所属期申报之前会有剩余可用金额的限制，比如某企业在当年 7 月 8 日还没有完成 6 月申报，而 6 月剩余额度是 10 万元，在完成 6 月申报之前，7 月 6 日需要开具 12 万元的发票，那么在电子发票服务系统是无法开具的，因为 12 万元比剩余可用的金额数更大。那我们还可以开具纸质发票，因为纸质发票的额度已经在领取的时候被扣掉了，纸质发票是不占用目前的额度的。

实际上，每个月度的授信额度和使用操作都是显而易见的。但是总会有跨越可用的授信额度交织在每个所属期开端的一段时间，这种时候我们总是很难分清楚申报前后的可用额度变化。

举个例子，W 企业在 5 月初显示授信总额度为 750 万元，已经开具 600 万元，剩余可用授信额度有 150 万元。然而发现 6 月申请后显示月初授信总额度并不会在 750 万元的基础上增加。由此可以知道，授信总额度是不会逐月累加的，上个月没有用尽的额度不会累加进次月额度，次月初始的授信额度仍然是原来的总额度。

（一）按月度周期申报扣除

如果申报是按月进行的，那么从本月 1 日到完成上个月的申报之前，能够使用的额度在系统上会显示为上个月的剩余可用额度，而且不会超过月度金额总额度。

当上个月申报完成并且比对通过之后，本月的可使用额度在系统上就显示为本月剩余的可用额度。

对于 W 企业来说，如果 6 月 10 日完成了 5 月的发票申报，那么 6 月 1 日到 10 日之间显示的可用额度就是 150 万元，而 10 日申报完成之后显示可用额度变就会为初始的 750 万元。如果出现了本月 1 日到 10 日之间还开具了 80 万元发票的情况，那么 10 日之后显示 6 月剩余可用余额则变成 670 万元。

（二）按季度周期申报扣除

假如申报按季度进行，那么从每个季度的季度初到完成上个季度申报之前，开具金额能够使用的额度在系统上会显示上个月的剩余可用额度，而且不会超过本月的开具金额总额度。

当完成了上季度的申报并且对比通过后，本月能够使用的额度就是当月剩余的额度。

仍以 W 企业为例，现在如果 W 企业属于按季申报的纳税人，2023 年 5 月的授信额度为 750 万元，截至 5 月 31 日实际已经使用 600 万元，那么剩余可用额度为 150 万元。

6 月 1 日，电子发票服务平台会自动计算并重新把 6 月的授信总额度调整为 750 万元，因为是按照季度申报的，所以 6 月不需要完成 5 月的申报。6 月 1 日之后可以使用的额度为 750 万元，也就是 6 月初的开具金额总额度。6 月 1 日到 30 日，W 企业实际已经使用的额度是 550 万元，那么他们的剩余可用额度是 200 万元。

7 月 1 日，电子发票服务平台自动计算并将 7 月开具金额总额度重新调整成 750 万元。假如 W 企业在 7 月 13 日完成了 2023 年第二季度的申报，那么在 7 月 13 日之前，系统会显示可使用额度仍是 200 万元（6 月剩余可用额度）。可以注意到的是，这里也不按照季度积月累加额度。

而如果 7 月 1 日至 13 日 W 企业实际使用了 440 万元的额度，那么 7 月 13 日完成申报之后，系统显示新一月的授信额度为 750 万元，则在此基础上减去 440 万元，7 月剩余可用余额为 310 万元。

## 第三节　全领域数字化：数电票开具流程

在金税四期时代，我们可以在授信额度限制的总金额之内，通过全国统一的电子发票服务平台随时开具所需要的数电票。按照数电票的特点可以发现，发票的开具份数和单张开具金额不再受到限制，而且数电票也不再需要进行发票票种核定和发票验旧操作。

除了数电发票，我们还能够按照需求在电子发票服务平台开具相应的纸质普票和纸质专票。这些操作都不需要使用税控专用设备，只需要通过有互联网的设备即可。

## 开具蓝字发票

正常情况下,我们将平时开具的发票称为蓝字发票。按照开具需求的不同,蓝字发票的开具流程可以分成以下四种情况。

### (一)立即开票方式

> **步骤梳理**
>
> 【我要办税】—【开票业务】—【蓝字发票开具】—【立即开票】—【发票开具】。

(1)在电子税务局页面登录数字税务账户,由【我要办税】进入【开票业务】功能,选择其中的【蓝字发票开具】功能。

(2)选择需要开具的发票票种,设置之后点击确定。录入发票的信息,最后点击【发票开具】即可完成。

通过立即开票方式,我们能够完成几乎所有的开票情景需求,这是最基础也是利用最为普遍的一项功能。在发票开具成功之后,我们还能在开票成功的页面查看或者下载已经开具的发票。

### (二)扫码开票方式

> **步骤梳理**
>
> 【我要办税】—【开票业务】—【蓝字发票开具】—【基础信息二维码】—由购买方扫码填写信息—销售方输入交易信息—【发票开具】;
>
> 【我要办税】—【开票业务】—【蓝字发票开具】—【交易信息二维码】—填写并展示二维码—【发票开具】。

基础信息二维码长期有效,购买方通过扫描该二维码填写购买信息,信息将同步显示在主页面的列表中。此时再由销售方输入交易信息后,便能开具发票。需要注意的是,这时购买方填写的信息有效时限是48小时,销售方需要在有效时限之内完成开票。

交易信息二维码有效期只有24小时,销售方填写交易内容即时生成二维码,由购买方填写抬头信息后完成发票开具。这里需要注意的是,这时的交易信息有效期为24小时,购买方需要在有效时限之内完成开票。

相比在系统上立即开票的方式,扫码开票可以做到不受交易场所的限制。比如,我们日常在餐饮门店进行消费,交易完成后会拿到购物小票,扫描商家提供的交易信息二维码,再补充企业或者个人抬头等信息就可以收到开具完成的电子发票了。

相较于之前申请开票后还需要等待纸质发票邮寄到家的情况,扫码开票的方式直接免去了这种烦恼,极大地增强了我们生活的便利性,同时提升了商家税务开票的效率。

（三）快捷开票方式

### 步骤梳理

【我要办税】—【开票业务】—【蓝字发票开具】—【发票填开】—【添加快捷方式】。

除了立即开票方式和扫码开票方式,在电子发票服务平台,我们还可以进行快捷开票的操作。

（1）登录进入电子税务局页面,从【蓝字发票开具】功能进入【发票填开】模块,点击进入【添加快捷方式】的页面。

（2）根据实际需要,预先设置完成发票种类、票种标签、特定的业务类型、差额、减按、项目信息,以及客户信息等内容,在提供的信息栏完善内容后点击【保存】。这就相当于我们保存了快捷开票的所有信息，之后就能够直接通过快捷方式进入预先完善的发票页面，填写特定的单次信息。

在这里通过实际例子理解可能会更加直观：L 公司今年与零件供应商签订了 3 年的长期供货合同，合同里双方协商约定款项应在每批次零件收货当天支付。所以，根据《增值税专用发票使用规定（试行）》第六条的规定，供应商对应的发票开具与交付时间也按照交付款项的日期确定。零件供应商可以提前将这 3 年需要批次开具的发票种类、票种标签、交易业务类型以及 L 公司的基础信息等提前完善保存，以后直接通过"快捷方式"进入开票页面，完成开具和交付发票。

（四）批量开票方式

> **步骤梳理**
>
> 【我要办税】—【开票业务】—【蓝字发票开具】—【批量开具】—下载、填写文件—【批量导入】。

在【蓝字发票开具】二级首页【批量开具】进行批量开票需求。

（1）下载模板。电子发票服务平台提供通用发票要素信息导入模板和特殊标签发票要素信息导入模板；若纳税人根据税务局接口规范格式改造自身软件的，可使用其自身软件生成导入模板，该模板可由电子发票服务平台识别、导入。

（2）上传文件。开票方下载后根据模板要求将所需开具的发票补充完整，确认无误后，选择需要上传模板类型（电子发票服务平台通用模板和特殊模板，或纳税人自身软件模板），导入已制作完成的模板。

（3）确认开票。批量导入完成后，系统逐行展示已上传的待开票数据，双击可生成单张发票开具界面。开票方确认后可批量开具所选的发票。

## 蓝字发票开具异常时怎么办？

在实际操作中，我们难免会遇到一些开具失败，或是在开具发票过程中存在内容校验不通过、授信额度为零等情况。

在内容校验不通过、授信额度为零时，用户需要按照提示完成相应操作才能继续完成开票步骤。例如，红色预警需要联系主管税务局进行处理；内容校验不通过需要更改具体的发票开具内容；授信额度为零可以申请额度调整；等等。

而在开票失败时，电子发票服务平台会阻断存在发票开具"红色"预警情况的试点纳税人的开票过程。俗话说，"再好的射手也有脱靶的时候"，再熟练的财务人员也会有开具数电票失误的情况，那么当我们遇到开具错误的数电票时要如何处理呢？

按照金税四期的政策来看，开具错误的数电票是不能直接作废的。当纳税人开出蓝字发票之后，发生销货退回、开票有误、应税服务中止等情形，或者因销货方部分退回及发生销售折让的情况，就需要按照规定开具红字发票。

## 开具红字发票

红字发票就是我们一般所称的红冲发票。在日常会计工作中，数电票在开具错误的情况下，是不能直接作废的，如果发票开具错误或者是完成买卖交易的货物发生需要退回的情况，销售的服务终止了就需要开具红字专用发票，以冲减原来产生的销项，将账目重新找平。

（一）开具红字发票的条件

一般需要开具红字发票的情况有以下几种：

（1）时间期限上已经跨月或者跨年，开票的公司回顾时发现发票有误；或者销售的零件不符合公司要求，被部分退回，甚至是全部退回。

（2）开票方或者受票方临时终止交易服务。

（3）出现商品质量问题需要折让销售的情况，开票方会因此在售价上进行适当减让。

尤其要注意的是,数电票开具错误,是不可以直接作废的。纳税人开具蓝字发票后,发生销货退回、开具有误、应税服务中止等情形,或者因销货方部分退回及发生销售折让的,无论当月或者跨月,均需按规定开具红字发票。

(二)红冲:按照具体规定开具红字发票

简单来说,红冲的作用就是把以往由于其他原因做错账的凭证用一张新的凭证覆盖刷新,然后开票方就能够重新做一张正确的凭证重新入账。而试点纳税人发生开票有误、销货退回、服务中止、销售折让等情形,需要通过电子发票服务平台开具红字发票或红字纸质发票的,按照以下规定执行。

(1)受票方还没有做用途确认和入账确认的状态。开票方填写《红字发票信息确认单》后全额开具红字发票或红字纸质发票,无须受票方确认。步骤梳理如下。

> **步骤梳理**
>
> 开票方:【我要办税】—【开票业务】—【红字发票开具】—填写《红字发票信息确认单》—【确认开具】。

(2)受票方已经完成了用途确认或者入账确认的状态。开票方或受票方可以填写《红字发票信息确认单》,经对方确认后,开票方依据《红字发票信息确认单》开具红字发票。步骤梳理如下。

> **步骤梳理**
>
> 开票方/受票方:【我要办税】—【开票业务】—【红字发票开具】—

填写《红字发票信息确认单》—【红字发票确认信息处理】—【查询】—【查看】—【确认】。

（3）受票的一方已经完成了用途确认或者入账确认的状态，不过受票方还在使用增值税发票综合服务平台，没有开始使用金税四期税务数字账户。

仍然先由开票方在电子税务局上传《红字发票信息确认单》，受票方在增值税发票综合服务平台确认后，开票方在电子发票服务平台开具红字发票。步骤梳理如下。

> **步骤梳理**
>
> 开票方：【我要办税】—【红字发票开具】—上传《红字发票信息确认单》；
>
> 受票方：【发票管理】—【红字申请确认】—"待确认"—【查询】—【同意】；
>
> 开票方：【我要办税】—【红字发票开具】—填写《红字发票信息确认单》—【确认】。

## 第四节 "开具即交付"：数电票交付与查询

随着金税四期的普及，我们已经基本明确了数电票的开具流程。数电票有着"开具即交付"的特点，即随着数电票的开具与交付完成，开票方和受票方都可以立刻在自己的数字税务账户中查询到所交付与接收的数电票全量信息。

### 多种数电票交付方式

当我们成功开具数电票之后，发票数据文件会被自动发送给开票和受票两方的税务数字账户。同时，数据还会依托数字账户，形成发票数据的归集整理。

那么，我们该怎样理解"开票即交付"呢？举个例子，A公司和B公司完成了一项合同交易。A公司成功在电子发票服务平台开具对应数电票之后，B公司就能够在自己的税务数字账号中收到这张发票的信息（包括PDF、OFD、XML三种格式的数电票），不用再通过电子邮件、二维码导出等多步骤的方式进行交付。

而如果交付发票的对象属于未录入组织机构代码的党政机关和事业性单位，或者是没有录入身份证件号的自然人，系统就会显示我们无法进行自动交付。在这种情况下，我们可以选择最适用于实际情况的方式自行交付，即邮箱交付、二维码交付和下载后交付。

（一）邮箱交付

点击进入邮箱交付的页面，录入发票交付对象的电子邮箱。这里我们还可以选择发票的文件格式，包括OFD文件和PDF文件两种，随后点击确定完成交付。

另外，我们还可以提前设置交付的邮箱信息，将发件方和收件方的邮箱信息进行事先确认，这样系统就不会在我们操作邮箱交付的时候弹出"未维护发件邮箱"的提示了。

（二）二维码交付

点击进入二维码交付的页面，使用手机税务App扫描弹出的二维码就能够获得发票，随即我们就可以看到税务App跳至交付的页面，点击确定即可完成交付。

（三）下载后交付

可以在系统上选择数电票的文件格式，分别有PDF、OFD、XML三种格式。选择显示情况下最适配的格式下载发票，我们就能通过本地方式完成发票交付了。

以上的方式都适用于普通蓝字发票的交付，红字发票的交付也适用相同步骤。此外，我们应该知道的是，发票数据不仅会发送至开票方和受票方，还会发送给第三方经办人。

## 查询数电票的多种方案

金税四期时代，我们可以在电子发票服务平台查询到许多种类的发票，通过不同的查询功能对发票进行信息区分和整理。

登录税务数字账号，我们可以看到查询页面出现 8 个模块，分别是全量发票查询、发票领用及开票数据查询、进项税额转出情况查询、未到勾选日期发票查询、出口转内销发票查询、汇总纳税总机构汇总分支机构开票数据、批量导入导出进度查询、历史抵扣统计确认信息查询。

在第二章的讲解中我们已经了解到，数电票有标签化的改革特点。这里我们给出针对标签化利用的最佳例子。

比如，L 企业打算回溯上季度开具的所有蓝字发票，就可以通过【全量发票查询】限定上季度的起止时间，查询出所有符合时间条件的蓝字发票。

再如，R 公司想查询截至目前还能够用以抵扣勾选的发票情况，就可以通过【未到勾选日期发票查询】选择票种、开票起止时间等条件，确定未到勾选期的各种发票。

另外，我们计划统计历史抵扣信息、查看当前发票信息的调整状态、查找进出口对应商品批量发票……这些针对性的信息查询都可以借助电子发票服务平台得以实现。

类似对应的查询类别基本覆盖了我们所有发票状态的情况，所以，想要通过现有细节找到对应确切发票信息是非常快捷的，并且系统不重不漏的性质更能够帮助我们足够精确地进行筛选。

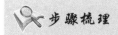
步骤梳理

【我要办税】—【税务数字账户】—【发票查询统计】—【全量

发票查询】。

对于已经查询到的发票,我们还可以使用批量导出的功能,将所需要的数据信息下载到本地,我们可以选择 TXT 或者 Excel 的格式,以便于后续统计整理的操作。

## 查验各种形态的发票信息

如果我们想要查验发票信息,除了电子发票服务平台,在国家税务总局全国增值税发票查验平台、财政部全国财政电子票据查验平台等都可以进行,各个平台有各自的优势。那么这些平台具体都是如何操作的呢?这些平台又分别适用于哪些发票的查验呢?

(一)电子发票服务平台

> **步骤梳理**
>
> 【我要办税】—【税务数字账户】—【发票查验】—【单张查验】—【手工查验】—【上传查验】;
>
> 【我要办税】—【税务数字账户】—【发票查验】—【批量查验】—【上传查验】。

对于想要查验数电发票信息的试点纳税人,可以通过电子发票服务平台对收到的数电票进行查验。

(1)点击电子税务局,登录税务数字账号,进入发票查验界面。

(2)如果我们需要查验单张发票,可以点击【单张查验】—【手工查验】,手工输入待查验发票信息后,点击【查验】按钮,即可得出查验结果。

除此之外,还可以选择【上传查验】,上传发票文件后,点击【查验】,

即可快速得出查验结果。

（3）如果我们需要查验多张发票，可以点击【批量查验】进入相应界面。选择发票来源后，下载对应的发票查验模板。将待查验的发票信息填写至模板后上传，点击【查验】即可得到多张发票的查验结果。平台支持一次性最多查验500条。

这里还需要留意一下，批量查验需要在模板中填写完整的发票信息，否则无法对发票中的交易信息（如时间、数量、单价等）进行核验。

（二）国家税务总局全国增值税发票查验平台

目前，国家税务总局全国增值税发票查验平台支持增值税专用发票、增值税电子专用发票、电子发票（增值税专用发票）、电子发票（普通发票）、增值税普通发票（折叠票）、增值税普通发票（卷票）、增值税电子普通发票（含收费公路通行费增值税电子普通发票）、机动车销售统一发票、二手车销售统一发票在线查验。

单位和个人可以借助查验平台通过两种方式查验发票信息：一是单张发票查验（手工单张录入、单张文件导入）；二是批量发票查验（下载模板、录入信息、导入查验）。

国家税务总局全国增值税发票查验平台的查验步骤如下。

### 步骤梳理

国家税务总局全国增值税发票查验平台—输入发票信息—【查验】—显示票面信息。

（1）登录国家税务总局全国增值税发票查验平台（https://inv-veri.chinatax.gov.cn/）。

（2）输入需要查询的增值税电子普通发票的相关信息，确认输入的信息无误后，点击【查验】按钮。

（2）系统自动弹出查验结果。

(4)查询到该张发票的票面信息,并核对发票查验明细中的票面信息是否与接收到的发票票面信息一致。

若一致,则发票真实有效;若不一致,则需要与开票方联系。

(三)财政部全国财政电子票据查验平台

财政部全国财政电子票据查验平台的查验步骤如下。

> **步骤梳理**
>
> 财政部全国财政电子票据查验平台—输入发票信息—【查验】—显示查验结果。

(1)打开财政部全国财政电子票据查验平台网站并登录。

(2)输入发票上的电子票据代码、电子票据号码、校验码、票据金额以及开票日期。

(3)点击【查验】按钮,即可得到真伪结果。

以下是国家《财政部国家档案局关于规范电子会计凭证报销入账归档的通知》(财会〔2020〕6号)关于数电发票报销入账归档的相关规定,读者可以适当了解,以作参考。

> 纳税人以数电发票报销入账归档的,按照财政和档案部门的相关规定执行。根据《财政部国家档案局关于规范电子会计凭证报销入账归档的通知》(财会〔2020〕6号)第三条至第五条的规定:
>
> 三、除法律和行政法规另有规定外,同时满足下列条件的,单位可以仅使用电子会计凭证进行报销入账归档:
>
> (一)接收的电子会计凭证经查验合法、真实;
>
> (二)电子会计凭证的传输、存储安全、可靠,对电子会计凭证的任何篡改能够及时被发现;
>
> (三)使用的会计核算系统能够准确、完整、有效接收和读取电

子会计凭证及其元数据,能够按照国家统一的会计制度完成会计核算业务,能够按照国家档案行政管理部门规定格式输出电子会计凭证及其元数据,设定了经办、审核、审批等必要的审签程序,且能有效防止电子会计凭证重复入账;

(四)电子会计凭证的归档及管理符合《会计档案管理办法》(财政部国家档案局令第 79 号)等要求。

四、单位以电子会计凭证的纸质打印件作为报销入账归档依据的,必须同时保存打印该纸质件的电子会计凭证。

五、符合档案管理要求的电子会计档案与纸质档案具有同等法律效力。除法律、行政法规另有规定外,电子会计档案可不再另以纸质形式保存。

## 第五节　打印不再是必要步骤:数电票报销与登记

相信不少做财务的读者朋友都吐槽过财务报销流程,烦琐的报销流程是许多企业都会面临的财税管理问题。实际上,产生这种问题的根本原因在于费控报销数字化的建设跟不上时代变迁的步伐。因此,转变数字化的思路就变得尤为重要,特别是通过企业自上而下的影响来推动报销流程的精简化。

当我们使用数电票进行报销时,操作步骤实际上与之前使用增值税电子发票时一致。不过,对于熟悉增值税发票报销操作的人来说,操作比之前更加精简了。

我们平时报销时发生的场景,都会经历几个基本的步骤:登记归集—发票验真—整理申报—金额确认,一般企业普遍使用的财务流程如图 3-1 所示。

在这个过程中,使用数电票的情形实际上与之前使用增值税电子发票是一致的,不过会精简一些步骤。接下来我们可以着眼于精简后的细节,梳理企业在利用数电票报销时的特别之处。

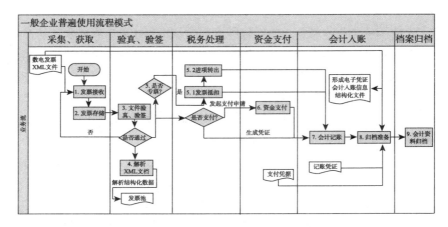

图 3-1　一般企业普遍使用的财务流程

目前，一般企业开发出了自用的或者配置了市面上第三方的电子报销系统，这对于财务部在线操作来说节省了不少时间和精力。而尚未配备电子系统的企业仍以线下确认完成全部的报销操作。下面我们就来简单分析这两种形式的具体操作形式。

### 在线报销操作

已经建设了业务系统和报销系统的企业和单位，可以通过在线的方式完成归集、登记、验真和审批步骤，不用经由线下步骤的查验和审批。

（一）归集登记

首先我们可以登录在线报销系统填写报销费用明细单，同时将数电票上传至报销系统，这就相当于完成了数电票第一步登记与归集工作。业务系统会自动读取数电票的信息并检查票面内容。这时候系统能够自动识别出是否有发票重复的情况。

（二）验真

企业或者单位会检查数电票的真实性，通过对发票代码、发票号码、开票日期等信息进行检查确定。

这样做的好处是，能够从票税角度保证收到的发票真实无误，为企业降低税收风险。

（三）审批

通过报销系统或者 OA 系统完成报销审批，电子发票已经在业务系统中有数据登记了。当完成电子流转后，生成审批的流程信息，同时即可将信息输出成为报销表单。

（四）金额确认

通过报销系统确认审批的电子发票金额、固定数据以及支付数据。

## 线下报销操作

在实际生产中，我国目前除了拥有完善报销系统的企业，也存在很多尚未构建业务系统和报销系统的企业，或者报销系统还不具备审批等功能的企业。于是，完成归集、登记、验真和审批这些步骤通常采用线下报销的方式，或者在线比对数电票的数据，下载之后再线下完成登记归集处理。

（一）申请审批

通过其他办公或者通信软件，由需要报销的人将数电票提交给审批人，再由会计完成报销数电票的查重登记。此时可能出现两种办公程序，一种是把数电票打印成纸质文件，另一种则不需要打印。

（1）打印输出纸质文件方式：报销人把数电票打印输出纸质文件后，与已经填写好的报销单、其他原始凭证等一起整合，线下提交给报销审批人申请报销，同时将数电票电子文件原件通过电子邮箱等通信软件传输至报销审批人，再传输给会计人员。

（2）不打印输出纸质文件方式：报销人不需要打印输出数电票的纸质文件，而是直接填写纸质报销单，报销审批人仅审核纸质报销单。数电票的电子文件原件通过电子邮箱等通信软件从收票人传输至报销审批人，再传输至会计人员。

## （二）验真与查重

验真的步骤可以参考上一节讲到的数电票查验操作。此处我们列举前两种针对性讲解一下。

### 1. 通过电子发票服务平台税务数字账户验真

通过电子发票服务平台税务数字账户进行发票查验，可以进行单张查验和批量查验。

进行单张发票查验时，可以手工输入单张发票信息查验，或者上传PDF、OFD、XMI 和含有发票二维码的图片文件进行查验，查验结果展示发票票面信息。

进行批量发票查验时，可以将需要查验发票的全要素信息填写在模板数据表，导入系统批量进行查验。需要注意的是，此处的查询结果不展示发票票面信息，仅展示查验结果相符或不相符。

### 2. 通过国家税务总局全国增值税发票验真

通过输入发票代码、发票号码、开票日期等发票信息以及验证码进行发票信息查验，系统自动弹出查验结果。

根据查验的票种不同，需要输入的查验项目也不相同，其中增值税电子专用发票可以查询发票代码、发票号码、开票日期和开具金额（不含税）的相关信息；增值税电子普通发票可以查询发票代码、发票号码、开票日期和校验码后 6 位；全面数字化的电子发票可以查询发票号码、开票日期、价税合计。同时可以上传版式文件完成查验。

如果录入的发票信息与税务系统存储的发票信息不同，则显示不一致或者查无此票的相应提示。

如果录入的发票信息与税务系统存储的相应信息相同，则系统显示发票票面信息。

当所持有的电子发票票面信息与税务系统存储的发票票面信息一致时，电子发票才允许报销。

在企业会计对提出报销的数电票进行验真后，再对数电票与已经登记并报销的电子发票进行查重，假如发现收到的数电票与已经报销过并在会计人员处登记过的电子发票重复，则需要中止报销流程，并及时通知报销人。

（三）登记

对于通过查重的电子发票，电子发票保管人员或负责报销的会计人员可以建立电子发票归集文件。

文件通常以"年份+月份"命名，妥善保管集中归集的电子发票，并建立接收的电子发票台账，这样也能方便后续申请报销的发票与已经登记过的所有发票再次进行查重。

（四）金额确认

对经过审批、查重和登记的发票，会计人员按照单位报销管理要求、出差伙食补贴标准等核定报销金额，按规定支付报销款项。

## 第六节　快捷且灵活：数电票入账与归档

金税四期政策之下的数电票具有"交易即开票，开票即交付，交付即归集"的特质。按照税制规定，数电票的入账与归档实际上与上一节我们所了解到的数电票报销同步在一套流程之中。因此，企业也能够用同一套方法应对相关政策。不过针对企业内部的数电票入账与归档，则会按照企业的不同模式实施灵活的制度。

**数电票入账**

首先，我们梳理一下数电票入账的相关要点。

发票入账，指的是纳税人在取得发票后，电子发票服务平台系统对纳税人取得的全部发票（含海关缴款书）及代扣代缴完税凭证数据进行归集，纳税人在电子发票服务平台系统进行发票入账操作，还能够对发票进行入账标识标记。

这样一方面能够使我们很直观地查验出发票是否有效，有没有被开票方恶意作废或者恶意红冲；另一方面有利于企业避免重复报销入账的行为。

（一）电子发票服务平台的入账

**1. 发票入账的操作**

【税务数字账户】—【发票入账标识】—选择【发票】、【海关缴款书】或【代扣代缴完税凭证】—查询对应发票信息—【提交入账】—【确认提交】。

（1）登录所处省（区、市）税务局官网，进入【发票入账标识】页面，按照需要入账的发票情况选择点击【发票】、【海关缴款书】或【代扣代缴完税凭证】；

（2）输入需要入账的发票信息点击【查询】，选择对应发票提交入账。

**2. 维护入账状态和入账时间的操作**

【税务数字账户】—【发票状态查询】—【发票入账标识】—【入账状态】—【入账调整】。

（1）点击【发票入账标识】，查询条件选择"已入账"的发票信息；

（2）将相应条件下的发票选中并点击【入账状态】，选择"入账撤销""已入账（企业所得税税前扣除）"或者"已入账（企业所得税不扣除）"；

（3）点击【入账调整】，完成信息调整的操作。

## 3. 批量入账操作和调整

【税务数字账户】—【发票入账标识】—【下载模板】—【清单导入】。

（1）点击【发票入账标识】，选择【清单导入】方式，点击【下载模板】；

（2）将模板下载并填写完整，保存文件，在【清单导入】界面上传文件；

（3）导入成功可以看到处理记录 x 条，成功 x 条，失败 x 条；失败的发票信息按照要求重新修改，重复上述的步骤操作即可。

入账后，税务机关相关用票平台为纳税人提供入账标识服务，可对已入账的数电票做对应标记，防止重复报账。

## （二）企业自用财税平台的入账

企业根据自己的财税业务和报销信息按照数电票的标准完成会计记账和归档，其中入账的操作就是很关键的一环。很多企业配备了自己的会计核算系统，因此可以按照线上流程完成数电票入账，而同时要注意针对只有线下入账流程的情况。

### 1. 在线情况

（1）应用会计核算系统的单位，可通过报销系统或线下审批单获取凭证数据，通过会计核算系统进行在线记账。

（2）未应用报销系统但已应用会计核算系统的单位，需将线下审批单数据手工录入会计核算系统，记入相应科目和借贷方向，完成记账。

需要注意的是会计人员完成数电票入账后，应及时更新数电票台账，在登记台账的"是否入账"标记栏上进行标记。数电票试点纳税人可以通过电子发票服务平台的税务数字账户标记发票入账标识。

### 2. 线下情况

没有应用会计核算系统的单位,可以以数电票的纸质打印件作为入账依据,入账方法与纸质发票入账方法相同,但依据《财政部国家档案局关于规范电子会计凭证报销入账归档的通知》(财会〔2020〕6号)第四条"单位以电子会计凭证的纸质打印件作为报销入账归档依据的,必须同时保存打印该纸质件的电子会计凭证"的规定,这种情况下企业必须同时保存该纸质打印件的电子发票原件。

在此需要注意的是,会计人员完成数电票入账后,还需要及时更新数电票台账,在登记台账的"是否入账"标记栏上进行标记。

## 数电票归档

数电票的归档一般是在数电票开具交付的同时,随即形成数据采集,在电子发票服务平台完成。这就是金税四期提到的"交易即开票,开票即交付,交付即归集"流程优化中的最后一环。

数电票的归档属于归集的过程之一,通过收集、打印、归档、审批等一系列流程,企业可以把所有的发票信息整合在一起,以便统筹管理、节省时间和财力。

而针对企业的业财税业务所涉及的数电票归档,则需要我们再进行一次细致的梳理。整理归档更有助于审计发票,企业可以分析整理发票数据,以此作为参考,判断投资或支出的有效性,从而高效地管理财务资产。

(一)数电票的归档要求

企业都需要归档哪些种类的发票?归档又有什么格式要求?我们来做一下简单了解。

电子发票服务平台税务数字账户后台会采集发票的全量数据,包括数电票、增值税纸质专用发票、增值税电子专用发票、增值税普通发票(折叠票)、增值税普通发票(卷票)、增值税电子普通发票(含收费公路通行费增值税电子普通发票)、机动车销售统一发票、二手车销售统一发票等。

其中，对于有明确销售方或购买方（包括经办人）信息的发票，通过销售方或购买方（包括经办人）信息归集至销售方或购买方（包括经办人）的税务数字账户。若购买方（包括经办人）信息中没有纳税人识别号或身份证号码的，只在销售方归集。对定额发票等没有销售方信息的发票，根据系统发票领用及验旧信息归集至销售方的电子发票服务平台税务数字账户。对没有购买方（包括经办人）信息的（如定额发票等）发票，则不归集到购买方（包括经办人）的税务数字账户。

（二）数电票的归档流程

我们可以把归档的情形简单分成两部分，虽然大部分企业已经开始进行数字化转型，但还有部分企业使用线下普通流程进行数电票归档。

首先，我们同样需要区分一下已经建立了电子档案管理系统的单位和还没有建立电子档案管理系统的单位。

**1. 线上流程**

建议建立电子会计档案台账或目录的结构如表 3-3 所示。

表 3-3　电子会计档案台账或目录结构

| 序号 | 档号 | 凭证号 | 摘要 | 凭证日期 | 电子凭证件数 | 备注 |
|---|---|---|---|---|---|---|
|  |  |  |  |  |  |  |
|  |  |  |  |  |  |  |

（1）电子会计凭证收集

会计核算系统、业务系统汇总整理属于归档范围的电子会计凭证（如记账凭证、含数电票的原始凭证）及其元数据，并通过归档接口传输至电子会计档案管理信息系统。

（2）电子会计凭证整理

收集完成后，应及时对电子会计凭证进行分类、组件、组卷、编号等整理操作。

①分类：推荐采用会计资料形式—会计年度—保管期限分类法，并划

定"门类号"为会计类(KU)、"形式"为凭证(PZ)、保管期限为30年。

②组件:按记账凭证号进行组件,以电子记账凭证为主件,电子记账凭证、电子报账单、电子发票、其他电子原始凭证等组成一件;件内按电子记账凭证、电子报账单、电子发票、其他电子原始凭证的顺序排列。

③组卷:按适当的时间周期对已组件的电子会计凭证进行组卷,卷内按记账凭证号先后顺序排列;案卷按卷号先后顺序排列。实行凭证分类管理的单位,可按类型结合时间进行组卷,一般同类型的电子会计凭证组成一卷。

④编号:推荐采用全宗号—门类号(KU)—形式(PZ)—年度—案卷号—件号(卷内序号)的结构编制档号,案卷号和件号可由4位阿拉伯数字标识,不足4位的,前面用0补足。

(3)电子会计凭证归档

经整理的电子会计凭证在会计年度终了后,可由单位会计管理机构临时保管1年,再移交单位档案管理机构保管。

这里我们也需要注意,电子会计凭证档案的在线存储和离线存储操作应同时实施。

**2. 线下流程**

采用线下方式报销入账的单位,记账凭证、原始凭证及数电票的打印件等一般采用纸质方式收集、整理、归档,数电票应按以下方法进行收集、整理、归档。

建议建立电子发票台账或目录的结构如表3-4所示。

表3-4 电子发票台账或目录结构

| 序号 | 纳税人识别号 | 年度 | 交易事项 | 开票方名称 | 发票号码 | 开具日期 | 报销单据号 | 记账凭证号 | 文件名 | 备注 |
|---|---|---|---|---|---|---|---|---|---|---|
| | | | | | | | | | | |
| | | | | | | | | | | |

(1)建立文件夹及台账

根据纸质载体会计凭证卷(册)情况,在磁盘、U盘等存储载体上建立相应文件夹。一般1个月为1卷（册）建立一个文件夹。

将相应纸质载体会计凭证的档号、保管期限等信息填入报销入账过程中形成的电子发票台账中。

（2）拷贝数电票

将数电票按其关联的记账凭证所属卷（册）拷贝至相应文件夹。

（3）编写说明文件

将数电票的会计期间、数量、移交人、其他需要说明的情况（如非通用格式文件说明）等编制成TXT文件。

（4）移交档案及备份

将电子会计档案登记表及其纸质文件、数电票、说明文件和其他纸质档案在规定时限内移交档案人员。最后完成检测接收与备份的步骤。

## 第七节　电子发票服务平台与乐企服务

目前，我国各行各业都在加快推进数字化管理，税务方面当然也不例外，企业税务迫切需求更高效的数字化管理理念。随着经济和民生情况的不断转变，我国税务管理的理念经历了多次变革和创新，到目前已经完成了许多政策和相应举措的普及。接下来我们就先从票税政策的几个变化节点了解发票及其开票系统，然后分别认识数电票相关的服务系统现状。

### 发票及开票系统的发展历程

以信息化、数字化为目标，金税工程一往直前，目前已经发展到了四期成熟的阶段。而在金税工程不断推进的同时，发票作为我国税务体制的基础，也同步经历了三个被大众广泛接纳和使用的阶段。

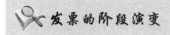
发票的阶段演变

【纸质发票阶段】—【电子发票阶段】—【数电票阶段】。

从纸质发票阶段发展到电子发票阶段，是承载体的转变，由纸张变为电子文件；而从电子发票阶段发展到数电票阶段，又在形式上舍去了版式文件，直接使用数字账户，以存储和流通相关的发票信息。

相应地，纸质发票有专门的开具工具和统计归档方式。而电子发票首先经历了信息化的转变，开票工具和流程完成了一个大变身，逐步应用全新的税控系统和综合服务平台。随后，到了数电票阶段，发票数据实际上是在发票电子信息化的基础上被进一步地解构、分析与流转。

由此，电子税务局进行了全方位的升级。全国统一的全新电子发票服务平台开始启动，同时，与企业或者个人绑定的数字税务账户也初步搭建完成，数电票的数据流通和运行都能够在这个更高效的平台上实现。

"以数治税"作为金税四期时代的重要关键词，代表数据成为税务业务实用场景的核心。这里的数据不仅包括税务环节中的发票数据，还包括更多维度来源的非税数据，比如社保数据等。把多维数据进行融合、处理、分析，以期实现财税业务的目的。通过运用各种优质的承载发票的服务平台，我们能够很直观地感受到通过数据运行业务究竟高效在哪些方面了。

## 智慧票税时代的电子发票服务平台

数电票作为发票数据化的最新呈现形式，逐渐被大家广泛接受并使用，国家力图以此作为起点，全面开启税务数字化的时代。

以企业为例，通过数电票这样的税务数字入口，能够增加实现税务业务全面数字化的可能性。我们可以通过下面这个例子来具体了解一下电子发票服务平台的便利性。

老齐打算自己开一家家电维修公司，发展退休之后的新事业。当他去咨询公司税务事项的相关登记申请步骤时，税务窗口的工作人员告知他，在完成公司登记之后，系统已经自动为他核定了数电票，甚至初次授信了月度金额总额度。老齐不敢相信，于是现场使用手机登录进入电子发票服务平台，老齐看到企业已经拥有开具发票的授信总额度，并且已经可以开具数电票了。

相比以前向税务机关申请领用专用发票，还需要使用专用的税控设备开具发票，现在的税务办理确实越来越方便了，数字化的办理模式也为税务机关与企业双方节省了不少时间。

正是在这样数字化逐步推进运营的情境下，我们更能感受到办理税务业务全面数字化的优越性。而税务数字入口就相当于我们税务数字化的"最后一公里"。

可以类比我国在将4G网络部署成5G网络时，无线基站是如何在"最后一公里"将我们的手机连接到电信网络的。当"最后一公里"彻底打通时，国家税务机关、企业和我们个人就正式开启了智慧票税时代。

智慧票税时代，可以说是一种全新的时代。当使用电子发票服务平台时，我们可以体验到有关业务层面、应用层面、数据层面以及网络层面的多层次对接，形成完整的发票业务整体链条，配套系统的改造目前也在如火如荼地进行中。

税务数字账户依托电子发票服务平台建立起来，在这个时代凸显自己的能力。每个企业都可以像老齐的公司一样，拥有自己实际身份信息认证的数字账户，以数据集中和共享为途径，打通信息壁垒，以开放性为能力，形成一套供多部门使用的全国通用账户。

我们可以看到，电子发票服务平台上设置了针对不同税务端的定位功能，分别基于算税、精准推送、授信额度调整、勾选抵扣、发票查询等发票业务，不同的功能都分门别类地呈现在平台页面中。对比增值税发票综合服务平台，电子发票服务平台在勾选发票功能、抵扣勾选功能、代办退税、统计确认等方面都做出了不同程度的维护与创新。根据业务场景设置快捷操作入口，提升了人机交互的操作体验，也方便了涉税业务的处理。

## 智慧票税时代的乐企服务平台

尽管电子发票服务平台具备完整的税收征管服务体系，推广至全国都能够提供统一的数电票业务服务，但它同时为自身统一服务的特点所局限。一方面，电子发票服务平台没有办法做到针对企业的精细化管理服务；另一方面，也没有办法满足企业个性化的管理诉求。

这时候，具有更大规模的大型企业希望智慧票税时代能够更加凸显其特色，可以推出能够贯通整个公司业务的票税服务，将企业全方位地联通起来。于是，在大众的期待下，税务总局开启了"税企直连"项目。

"税企直连"项目，是指通过税企双方"总内网对接、专线数据直连"，实现以大型集团为维度的集中归集发票、集中计税、集中申报、集中缴税、集中开票等财税业务。同时以省市级企业为支点，为省市级用户提供更加便捷的移动票税服务。

在"税企直连"项目下，税务机关推出了乐企服务，协助企业参与机构之间的信息数据共享与核查，实现多维数据"自行跑通"（让数据多跑网路，让办税人少跑马路），实现智慧管税的愿景。讲了这么多，乐企究竟是什么东西呢？

乐企，指的就是国家税务总局向符合条件的企业（这里的条件我们稍后讲解），通过税务系统与企业自己的信息系统直连的方式，提供一个规则开放、标准统一的数字化发票等涉税服务的平台。

通俗一点地讲，乐企服务就是一种嵌入式的发票引擎接口，能够把企业涉税业务和企业自有的 ERP 系统进行对接，实现发票开具、发票登记等企业自主发票相关功能。自平台开始试用以来，就一直在融合"生态开放、便捷接入、安全合规"的理念，希望能够协助企业和税务机关之间完成"税企直连"的美好愿景。

我们可以把乐企平台的推进分成以下三步。

乐企平台的推进

【乐企直连服务试点、乐企自用】—【乐企联用】—【乐企他用】。

第一步，首先开展乐企直连服务试点，在试点地区制作并发布自用规范指引，为企业自身以及具有股份等控制关系的内部成员单位提供服务，解决企业内部所有单位开用票的问题（仅适用于本单位及下属单位，并且主要不以获取经济利益为主要目的发票使用方面）。

第二步，在乐企自用平稳运行的基础上，试点验证乐企联用规范指引。乐企联用能够提供关联用户管理和便利业务开展的服务，解决大型商业平台自身开用票，及其为关联客户提供开用票服务的需要。

第三步，在乐企自用和联用的基础上，研究出乐企他用的业务，能够为他人提供服务，经营获利。试点验证第三方系统为中小企业提供开用票服务，并且范围集中在主营业务及其主要收入来源方面。

目前，乐企服务的推广上线已经满一年。2022年7月，两个平台初步上线，分别是可控接入平台和能力管理平台。随后陆续上线了通用开票、通用用票、安全防护、农产品开票、光伏开票等功能，预计还将接入第三方系统，完成开用票全场景建设。

由最新企业介入的数据可以看到，已经有43家直联单位和216家使用单位完成接入或者正在接入企业。第二批试点企业也正在审批中，预期将审批通过18家直连单位和37家使用单位。

由于乐企平台的服务性质与电子发票服务平台有所不同，因此，准入乐企也是有一定条件的，需要参考企业资质进行申请或者接受邀请。接入单位包括大型企业、集团、总机构以及第三方系统；使用单位包括子公司、分支机构以及驻点企业等。

接入单位的申请准入条件为：

（1）纳税信用等级为A、B级；

（2）上一年度营业收入合计5000万元以上；

（3）前12个月累计发票开票量及受票量合计不低于5万份；

（4）近3年内不存在税务机关确定的重大税收违法行为；

（5）能按照要求依法提供相关涉税数据，包括但不限于使用单位身份信息、取酬账户信息、经营收入情况等，以及需要特别提供的货物流、资金流、现金流等其他涉税数据。

使用单位的申请准入条件为：

（1）同一总分公司、集团企业或具备相互股权控制关系的企业；

（2）纳税信用等级为 A、B、M 级（B、M 级纳税人需要定期提供货物流、资金流、现金流的有关数据）；

（3）近 3 年内不存在税务机关确定的重大税收违法行为；

（4）能配合直连单位按照要求依法提供相关涉税数据。

在符合准入条件的情况下，企业就可以填写申请、准备好接入服务所需要的相关资质证明和申请材料了。等待省局、总局审批之后，开始进入测试联调的环节。业务系统改造过后，便能完成自动化测试环节，最终进入验收阶段。

当乐企开放平台、数电平台等多个环节均验收完成后，企业得到通过的审批结果，就可以完成申请，正式拿到专属服务地址和账户信息了。如果验收没有通过，则需要重新完成业务系统的改造，以及完成自动化测试等环节。

企业通过乐企申请，开始进行税务直连，就可以将税务局配套设定的税务规则嵌入企业自有的规则，通过本地完成开票的操作了。当发票完成开具之后，乐企引擎就会自动将发票数据信息上传到税务机关，还能够提供更多相关发票数据下载、发票查验、发票勾选确认等用票功能。

最后，我们一起来梳理一下目前我国数电票服务系统的部署情况：数电票服务系统目前一共有三种部署形式，第一种部署形式主要针对超大型企业，为大型企业提供乐企服务；第二种形式主要针对中型企业，帮助中型企业寻找第三方数电票服务系统渠道；第三种形式则针对小微型企业和个体纳税人，为其提供电子发票服务平台。目前，这三种部署基本能够覆盖全国 36 个省市的企业或者个人的涉税业务，同步到省级、国家级税务局，从各个层面完成针对发票的数字化管理。

但在这里我们需要注意的一点是，这三种部署形式不仅适用于数电票建设，更能极大程度地推动税务业务的整体数字化管理。相信在接下来的智慧票税时代，数字化一定会在更多的空间发挥更具优势性的作用。

# 企业税务管理的数字化转型

第四章 CHAPTER 4

## 第一节 打通财税数字化"最后一公里"

如今,数字经济浪潮已经席卷世界的每个角落,在"十四五"数字新基建和金税四期"以数治税"政策的驱动下,企业数字化转型升级势在必行。在"十四五"期间,国家税收征管体系全面向"智慧税务"转型,全方位监管企业和个人税务的各个环节。结合现今企业管理体系的发展来看,票税数字化构建起企业经营管理智能化底座,打通财税数字化"最后一公里",支撑企业财税共享化、财业集中化、流程自动化,为企业数字化转型提供抓手。

2022 年国税总局数电发票系统上线推广,给票税企服市场带来一次革命性的机会。在全国税收征管体系全面向"智慧税务"转型的重要节点,企业财税数字化管理快速地进入适应阶段。通过运用现代信息技术,以发票为核心的交易全过程,比如电子报销、入账、归档等数字票税信息可以在企业内和企业之间实现即时互通。

20 世纪 80 年代之前,我国企业还在普遍采用人工模式进行财税管理;20 世纪 90 年代之后,SAP、Oracle 等厂商将 ERP——企业制造资源计划系统带到了中国,拉开了企业数字化财税管理的新序幕。自 21 世纪以来,通过 SaaS 服务①模式的智能记账开始支持纳税人员更加灵活地进

---

① SaaS(Software as a Service,软件即服务)是一种通过互联网提供软件的模式。其本身是存储在提供商的云端或者服务器,用户使用时经由网页浏览器访问软件即服务,无须通过安装即可使用。

行税收管理和操作。

我们应该如何理解数字化税务管理这个概念呢？就是利用大数据、云计算、人工智能等先进的信息技术，建设以企业税务管理高效便捷为目标，以涉税大数据为驱动力的具有高集成功能、高安全性能、高应用效能的智慧税务平台，对税务管理过程进行全面的数字化转型和优化，帮助企业精细管票、精确算税、精准纳税，并且提前为企业规避税务风险，减少投入涉税的时间与成本，促进税务合规和经济发展的良性循环。

基于国家共享经济和税务治理的理念，企业逐渐将业财税票的经营项目划归统一来进行系统管理，同时打造精细化的纳税服务体系：整体上，做到企业经营各种业务信息的全覆盖；流程上，涉及人、财务、产品经营的全过程；细节上，完善数据的精细度和连接度。

我们可以将企业希望通过数字化转型达成的管理目的分解，具体见表 4-1。

**表 4-1　企业希望通过数字化转型达成的管理目的**

| | 数字化税务管理目的 | 转型 |
| --- | --- | --- |
| 1 | 统一标准的业财税办公 | 税务管控数据平台<br>合规合法的税务运营流程和规范 |
| 2 | 涉税风险的管控与防范 | 全面的监控机制<br>搭建多维度的风险模型 |
| 3 | 涉税数据的分析筹划与归档 | 税务分析和筹划体系<br>及时归档、沉淀数据分析 |

我们来结合一个案例具体分析，假设有一家完成数字化转型的某 A 集团，通过联合第三方服务公司建立起了智慧业务系统。那么，我们来看一看它的数字化税务管理模式有哪些新特点。

在税务管理模式方面，A 集团采用数字化管理融合了共享经济和治理的理念，以本集团涉税业务集中管理为核心，将税务职能划分为专业管理类和日常运营类。不再花费高昂的价格购买财税系统，仅购买一套互联网财务系统，就可以将税务机关、A 集团和旗下分子公司有机地结合在一起。然后通过智能系统的运转模式消除信息传递的中间环节，完成从线上到线下、从分散到集中的过渡，采用多重的开票及用票模式来加速发票的流转，提高发票业务的工作效率，同时对接业务系统自动采集和归档数据。

这样一来，企业在整体提升了管理效率的同时，还降低了税务管理运营的成本以及税负的成本，还能应对自身业务体量的快速扩张等挑战。

（1）在信息化支撑方面，A集团利用数字化搭建起全球合规的税务管控数据系统，基于人工智能技术将所有的财税法规进行结构化的处理，支持查询法规原文以及相关的政策和解读，在集团人员进行业务处理的时候自动匹配相关政策点，做出有效的提示。

（2）在合规的信息化基础下，A集团可以利用所搭建的系统统一各类集团业务税务的运营流程和规范，既打通了前、中、后台的数据，实现业务、财务和税务之间的连接，也打通了子公司、共享中心与总部税务，以及国内总部与国外分支机构的连接。还能利用数电票信息不可以随意修改的特点，使税务数据信息高效运行的同时能完成实时追踪，全过程掌握财税去向，提升财税业务的流通效率。

（3）在涉税风险防范方面，A集团分别从风险识别与预警、风险分析与报告、风险追溯与跟踪三个角度健全全面的监控机制。基于多样化的风险类型，A集团搭建成事前、事中、事后全方位多维度的风险模型，在智能系统中铺设税务数据的统计分析和风险预警功能，税务人员能够通过可视化的平台工具整合企业需求和税收监管的着眼点，灵活配置财税预警的分析模型，设置适用于企业发展的信用区间或者风险阈值。同步刷新最新政策公式，快速计算评估企业实际税负率、税负变动弹性指标等纳税评估指标数值。与此同时，税务人员还可助力A集团税务部门进行深度风险预研，先于税务机关进行税务自查和税务稽查，排解自身可能存在的税务安全隐患，杜绝重大、异常风险发生，实现真正意义上的多维度精细化风控管理和数字化税务管控。

（4）在税务分析和筹划方面，A集团以往的筹划经常缺少完整的数据支撑，难以回溯形成体系化的分析。通过智能系统的建设，A集团重点赋能员工与客户，建立起税务筹划的体系，确保涉税数据的处理与归档准确及时，提升效率，充分发挥出数据价值。在合法合规的前提下，以各个维度的涉税数据为出发点，沉淀财务与税务数据，实现有效的税务筹划方案设计。最终能够完成税务管理的价值守护目标和价值创造目标，为 A 集团的发展和战略决策提供有力的支撑。

总而言之，数字化的税务管理整体解决了人工处理的难点，例如管理滞后、财税数据信息不对称、时间紧迫、风险被动应对、缺乏风险解决经验等。通过搭建和完善数智平台，整合业财税数据、及时刷新政策法规、多维数据分析等工作被数字化平台接手，人力资源获得解放，着眼于更具能动性的业务与更具前瞻性的分析判断之上了。实际上企业也能够从税务管理层面得到降本增效的结果。

全面支撑企业税务管理数字化的转型和重塑，实现一套系统、集中开票、统一收票、专业分析、全链条风控和灵活筹划，支撑企业所有财、税、票业务的各级需求，不仅适用于大型企业，也适用于中型和小型企业。

在数字化时代，可以将税务管理的转型看作一场全国性的税政管理的"接力马拉松"，选手们都在起跑线上蓄势待发，哨响之后，全力奔跑在各自的赛道上，当各企业陆续接过属于自己的转型接力棒转而奔向下一个发展目标时，将会是怎样一番景象呢？我们一起期待！

## 第二节　实现税务管理服务企业价值

通过对税务管理数字化转型背景的学习，我们能够很清晰地看到企业在税务管理层面的降本增效成果。然而这对于企业运营来说只是最直观的意义，事实上，税务管理数字化转型还体现在各个环节之中。

### 指向业务规范方面的巨大意义

随着税务征管数字化的程度不断提高，企业内部智慧系统，加上电子税务局、电子发票、乐企服务等一系列征管技术手段升级，财税两个方面的相关业务内化，能够使各种业财税票工作流程更加标准，相关岗位角色的职责定位更加清晰。除此之外，还能够从跨企业之间的交流中体现出协同配合的优势。这就和千年前秦始皇统一度量衡一样，当规范性文件变得统一，也是在促进不同维度的人之间更加亲近，合作更加密切。

## 强化企业税务的集中管控程度

如今，我国大多数企业还处在数字化转型的路途中，如果把转型的历程比喻成长跑，现在已经没有企业在听到哨响后还停留在起点。企业集中管理一直追求强效，不过不同的企业业务形态是有差异的，与之相配合的不同税务管理也就需要同步集中管理。与大家的长跑进程各有不同一样，各地区的管理也不同，政策执行存在差异，最终导致了集中管控的难度很大。

因此，各地的税务总部机构要有能力直接内化管理要求，同时企业要能够获得智能系统对应的功能安排。在机关视角下，能够实时观察所有事务的流程进度变化，也有能力针对不同性质的机构开展不同级别、不同层次的分类管理；而在企业视角之下，不同的内部管理有不同的需求，在做税务管理转型及适应各地政策的同时，能够调整自身与同层级、同类型企业的协调同频关系，实现互利共赢。

## 多角度提升企业税务管理效率

现在信息技术有快速、准确存储及处理大量信息的能力，而以信息系统为支撑的数字化税务管理也因此收获了更加精确、完整的成效。通过智能数字化的系统，企业能够节省大量的时间、人力以及信息处理的成本，同时减少犯错次数、提高失误预警的阈值。

针对不同企业内部税务业务设计符合自身发展的管理算法，在合理合规的情况下，能够打破时间、空间的限制，将分散的业财税票岗位集中组织起来，通过系统达成协作，划归成针对不同项目的流程线，使得团队成员之间能够更顺畅地进行信息共享和信息交流，最终达成工作的高质量成果交付。

**增加企业税务风险的管控能力**

风险管理工作执行的本质，实际上就是在讲企业财税部门内中高层对于业务的理解和敏感度，以及针对税务数据的统计分析。当数字化的税务管理平台搭建之后，税务数据体系就能够集中所有企业的涉税数据，为风险管理工作的准备提供基本的资料。这样一来，税务机关在提醒企业进行税务自查或者对企业进行风险评估的时候，就能够在大数据的支持下展开工作。

同时，对于企业来说，系统设计的相应功能能够成为风险管理的能力工具和执行抓手。就像是爬山时手撑的拐杖，可能人们刚开始爬山的时候体力充沛，但是当体力使用过半就意识到有辅助会多么省力，不用从头开始构思分配体力的问题，也可以越过陡峭的半山腰、走过平缓的泥地，达到事半功倍的效果。风险管理也是如此，能够提前预见我们可能会遇到的困难，事先分析数据，让管理风险的效率得到全面的提升和强化。

**开展企业税务筹划**

相比在税务自查与稽查的时候进行企业税务风险防范的方式，税务筹划则是更多地渗透进日常的业财税票处理之中。我们按照合法、合规的制度完善开、用票等工作流程，同时能够根据日积月累的用票数据、授信数据、项目流通资金储备等信息，做出更符合规范的纳税方案。

不断进行更新的体系化数据分析，能使企业更精准地处理涉税数据，并充分发挥数据价值，实现企业价值的挖掘与守护。更进一步，能最终实现税务管理为企业价值服务的目标，向不断发现价值和创造价值的前景努力，为企业重大决策引领方向。

当然，数字化的税务转型还在不断进步的过程之中，我们以经验充实理论，在发展的过程中总结归纳，还会发现有更多的意义逐渐体现出来。在这场长跑比赛中,没有所谓的个体胜利,更多的是一种探索路上的群体共赢。

## 第三节 企业税务管理的数字化转型落地

在解决标题问题之前,我们可以问自己几个问题:我们是否已经做好了启动企业税务管理的数字化转型准备?应该准备好哪些才可以启动转型?我们又需要提前识别和避开哪些转型的陷阱和误区?

### 定位评估和立项规划

从实际开启转型的经验来看,企业的税务管理数字化转型之路并不是一帆风顺的,很多时候我们需要判断是否走错了方向,又是否经受住了其他方面的价值诱惑。在企业开启转型之前,当下的税务管理模式有哪些急需解决的困境?结合数字化的技术,是否能够完成环节优化?

企业的管理者应该立足长远,为数字化转型做好十足的准备,尽量做到应变"韧如丝"。首先,应设定合理的转型目标,在确定目标后,明确企业管理的转型机制;其次,评估企业的发展定位,确定转型之后的企业数字化定位与市场地位;最后,在转型过程中注意加强数字化人才储备,培养复合型技能人才。

### 业务梳理与整体优化

依据企业税务管理基于数字化转型的定位与立项目标,我们首先制定基本的启动流程,然后逐步实施转变。

(一)企业税务工作的业务梳理

企业税务管理系统的功能建设过程,同样是相关业务规则内化入系统的过程,能实现各项工作流程的标准化和相关岗位角色职责清晰化,因此做好企业税务管理数字化能增强整体业务规范。

## （二）企业涉税项目的流程优化

明确企业的业务梳理与职责划分之后，我们可以分三步进行流程优化。

首先，引入数字化技术与工具，将已经梳理完成的业务流程进行信息化转型，随后结合相关部门的职责划分，初步建立数字化流程运转机制。

其次，在分析以往业务漏洞的基础上，通过数字化优化找到调补漏洞的方法，初步实践观测流程进一步优化的成果与效率。

最后，在新的流程运转过程中建立业务模型，完成流程归档，在企业以后遇到类似的情形时能够引用现有流程分析需求，执行进一步的实践优化步骤。

## （三）税务风险评估与防范模式建设

企业的税务风险主要涉及四项数据，分别是增值税税负率、所得税税负率、销售变动率和进项税留底额。以往的企业税务风险防控主要依靠办税人员经验，多为事后的延时反应，不能有效预警与管控，事后处置方案的经验积累与指导相对有限。通过对业务流程的分析与监控，企业能设计全流程的风险管控体系，获得风险指标体系与智能化分析能力。例如，通过建立业财税一体化流程，在流程层面将防控措施嵌入业务流程；在数字平台的财税数据层面生成多维分析报告与备查备案资料，实现穿透式的追本溯源；还要完成事中记录、事后复盘，在经验层面总结经验与案例。

## （四）全面安排数字化培训

企业特别需要注重加强数字化的人才储备。

一方面，针对现有员工建立培训与激励机制，例如借助数字化平台推行相关操作的培训与业务清晰化梳理；周期性安排讲座培养员工数字化素养，不定期邀请数字化转型专家为企业分级进行知识讲座等。

另一方面，注意吸纳优秀的数字化人才，企业结合人力资源部完善待遇优化，通过在市场中寻找适合企业发展理念的、适合企业发展所需技术的人才加入团队，整体提升团队的数字化素养，还可以为转型中的企业提供头脑风暴，助力企业整体的数字化转型效果提升。

**应对转型困难的方案实施**

在持续用好相关税务优惠政策的过程中，不断关注税务数字化水平的提升，保证企业税务合规，避免涉税风险。不过在开启进行数字化转型的过程中，企业可能会遇到很多陷阱，我们结合企业普遍遇到的困难来分析转型痛点，建立应对的思路。

有些企业传统发票与数电发票的系统不统一就会面临多套发票系统衔接并行的情况；一些公司与其下属公司由于使用的财务系统不统一，各个系统之间没有实现完整打通，就会出现"数据孤岛"的情况，整个企业的数字管理无法有机地结合起来。

这时候我们可以首先评估一下各公司所使用的几个财务系统优劣方面，同级运行过程有哪些优势，又会产生哪些漏洞，最终选出一个企业计划统一使用的财务系统。还可以参考后续想要使用的业务系统或发票系统等，做出更优决策。

有些企业税务数据量比较大，但是登记与上报数据的标准与口径不一致，数据最终呈现出分散化、碎片化的特点，无法进行统一管理。

在这种情况下，企业可以首先针对税务政策建立纳税基本方案，针对税务方案与相关政策的需要梳理出税务数据有哪些是必要项、哪些是重点项、哪些是补充项，也可以结合数电票的特点借助电子税务局参考数据要素分类，进行数据完善。

企业长期实施的税务政策一般是固定的，但是通过转型也会出现新的业务模式与经营策略调整等。如果税务人员没有及时跟进最新的税务政策，将会造成财税成本损失，若是企业又处于数字化转型的关键时期，数据调取将会过于缓慢，甚至可能会出现数据丢失的情况。

在涉及企业纳税合法合规方面的问题上，我们可能无法及时做出更好的应对，但是要快速完善新的税务策略。我们还可以借助数电票的特点，通过电子税务局所登记的企业税号，完成丢失数据的补充。结合电子税务局数据计算涉税业务金额，同时对齐纳税时间，避免错过缴税的最后期限。

此外，还应该进行事后总结与反思，借此了解数据备份与制定战略转型时期的选择等方面，汲取相关经验，避免日后出现相同的失误。

"纸上得来终觉浅，绝知此事要躬行。"一切的预备计划都是纸上谈兵，实际的企业转型需要结合实际情况来分析。我们的分析可能会帮助企业规避既定风险和陷阱，也能够针对预设的困难做出反应。实际上，在税务管理数字化的长征过程中，企业的转型是痛点和机遇并存的，实际的困难和陷阱还需要结合数字化平台和数字化人才的敏锐观感，即时分析即时应对，不惧转型失利，以结果为最终目标，努力达到企业最终想要的结果。

# 应用篇

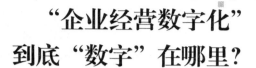

# "企业经营数字化"到底"数字"在哪里？

**第五章**
CHAPTER 5

## 第一节 团队数字化

狭义的数字化主要在于利用数字技术对企业具体业务和场景的数字化改造，将所处理的数据进行统一处理、分析和应用，更加专注技术对业务的降本增效作用。而广义的数字化则是利用数字技术对企业的业务模式、运营方式进行系统化、整体化的变革，更加关注数字技术对整个组织的重塑，实现模式的创新和业务的突破。

数字化注重企业的业务和商业模式的变革，成功的企业能够将运营与数字化管理合二为一，即在运营模式内合理部署恰当的数字化运用场景。一旦得以充分应用，数字化就能够促进企业运营发展焕然一新。

在数电票时代，企业数字化的第一个目标是团队数字化。正如现代管理大师彼得·德鲁克所指出的："现代组织不可能沿用从前的老板和下属那种模式，它必须以团队的形式组织起来。"现代企业的组织主要由不同分工的专家构成，具有平等、联合式的特点。由于专业知识不分高低，团队中的员工很难分出专业优劣，从而组成一致共事的团队。

结合数字化来进行企业各领域专家的融合管理，更能得到一个团队结合的默契结果，使各环节人才有机组合，像是分声部练习最后统一听从指挥一样，最终组成一支富有创造力的交响乐队。事实上，现代企业的组织大部分只做到了团队的"形",我们还需要深刻领悟什么是团队的"魂"。

## 以往团队管理模式的困境

目前在很多企业里,财税人员只为追求一份稳定的工作,因此更偏向于专注业务内部的问题解决,习惯单向地、机械性地解决问题,如仅仅结合信息化设备和软件完成线下到线上的输入任务。当需要不同领域专家沟通协作或者跨部门协作时,很多基层财务只会将问题汇报到组长、主管层面,并不会自行组织讨论,预设较为周全的结论。

这时就体现出了两个方面的问题:一是本身的数字化能力没有跟上,没有办法使用数字化工具完成协同,也没有办法发挥出自己的独立作战能力;二是数字化的思维意识没有跟上,没有意识到这样的问题可以通过更加智能的途径解决以提高效率。

既没有教程或方法论,也不能结合实际问题实例注重提升自身的数字化能力,不够了解数字化的业务和市场情况,同时没有想到引导企业现有的数字化功能发挥有效益的价值。更多情况下,好的产品仅仅被写进了企划书,预设的风险虽能够纸上谈兵、完美对应,却无法将数字化功能在实际情况下执行到位。

如果没有培养利用现有的信息化系统解决问题的意识,想实现对企业的推动就难上加难了。

我们不妨再大胆一些:设想一下,如果企业现存的系统做不到有机解决问题,是不是能够推动企业进行升级和转型,提升全局意识,通过更加精准的方式以推动此后同类问题一劳永逸地解决。

由上述情况我们可以大概总结出,能力欠缺、思维欠缺以及全局意识的欠缺普遍反映了一个问题,那就是企业的数字化转型必须首先着眼于团队管理。

通过团队的数字化转变,由团队到整个企业都能够运用数字化的意识完成企业的全面升级转型,实现降本增效落地的结果,做到企业模式运转的创新和业务的持续性突破。

## 人事优化：团队数字化的基础

既然团队管理的困境已然摆在了我们的眼前，而数字化的目标又在不远的前方等着我们，那么现在起步的方向就非常清晰了。接下来我们就具体分析团队数字化的优化方案。

（一）统一的数据管理与考评激励

人事数字化可以分成四个方面：第一是统一员工数据，全面了解团队，按期评估；第二是利用数字化手段融合员工的个人职业规划，增强员工的积极性、目标感与企业归属感；第三是针对专业的数字化知识共享，激发数字化创新活力；第四是打通业务与数字技术的界限。

企业的团队管理需要重视对团队人员的数据化管理，及时给予优质反馈，按照能力调配组织架构。同时，企业需要开启数字化的知识共享渠道，激发团队针对专业领域业务与数字技术的创新灵感碰撞。

由于有业务与财税方面的工作融合，相关部门的员工也会涉及财务数字化最重要的部分——数电票。结合电子税务局的智能化操作平台，对照完成财税部分的数字化处理、归档、融合，也是管理团队中数字化目标的重要转向。

相应地，企业可以提出针对组建复合型团队相关的跨业务、跨部门的项目管理与考核机制，针对不同数字化程度的员工进行不同的分工，安排不同的激励措施。再通过建立数字化专题考评与提升机制，使员工明确公司的数字化导向，最终整体向数字化形态靠拢。

（二）灵活利用示范效应与鲶鱼效应

在逐步完善了企业的管理制度和考评机制之后，企业还需要不断地吸纳优秀人才，为企业注入新鲜的生命力与活力。

新的人才能够与团队共享不同维度的业务经验，为团队中原有的成员展现如果拥有相关数字化的技能和思维，结合专业技术后，工作效率会如何提升、形成什么结果。这样一来，示范带头的作用就会影响到团队中的每一个人。

他们就像是在缓缓流淌的河流中凸起的一个土丘，最初可能误以为它会阻断小河，但是逐渐观察就会发现，它能与水流互相影响，使整条河变得更湍急、更有力量。

引进优秀的人才进入团队能够提升团队整体的工作效率。团队中新加入的数字化人才既有处理已知问题的经验，又有面对相似问题的思路，还有对待未知问题触类旁通的视角。因此，在跟进实际项目的过程中，无论团队遇到新鲜未知的困境，还是遇到熟悉的陷阱，他们都能够起到引导成员的作用，与大家一起协作解决问题，实现共同成长。

（三）数字化专业知识培训

现在的数字化并不单指做信息系统或线上归档，更多的是数字化思维，继而成为一种公司素质。因此，我们需要重视企业内数字化的日常培养与专题培训。

企业给团队进行专业培训时，应特别注意针对财务人员的数字化培养，企业的业务、财务和税务一直离不开发票这个核心。通过金税四期的国家政策，数电票的普及已经有了里程碑式的发展。

数字化培训可以借助针对数电票和电子税务局等智能平台的培训，培养员工融合不同财务和税务的场景，增强财税数字化的意识。同时，企业可以针对相关员工的纳税统筹、税收风险、业务决策等企业全局意识进行培养孵化，再着眼于日常业务流程，重视信息化的规范工作。

一方面，我们可以提升整理单独税务信息的流畅性和数据统一性；另一方面，我们还可以强化整合财税季度或者年度情况时的可信度与参考意义。

另外，数字化的培训不单单针对基层操作员工，更是针对从财务税务管理层面到更高素质的领导层面，应安排逐级培训，使他们熟悉企业内外整体的财税往来情况，结合数字化的分析工具制定不同的税务方案并对比优化，做出最利于企业发展的决策。

## 提升数字化能力达到转型目标

结合团队的人事优化方向，我们可以初步将两个实践方法落地：一是针对数电票业财税知识进行培训；二是培养团队员工熟练利用智能平台处理，并且融合跨业务的数字化合作思维。

企业可以在日常工作中鼓励团队成员相互交流学习，也可以邀请政策解读专家或者相关数字化转型经验人士举办座谈会，与企业分享培训方案，还可以分项目组或者业务组一起组织外出学习，等等，类似方式都可以实施。

我们仍然通过财务部门入手分析，在这样的团队之中，税务会计、成本会计、出纳、总账会计等岗位员工分别掌握了不同领域的基本财务知识，但实际上都属于企业财务工作。

结合数电票在不同人手中的不同利用方式来看，数电票的培训与数字化的培训不仅针对业务部分的账务运用方面开展，也要以让各个环节的岗位员工熟悉企业整体的投资、经营和筹划活动导向为目标，培养员工完成业务交互的认知，利用智能工具完成团队组织与数字化思维融合。

从数据的层面来看，要培训团队成员对数据进行数字化的整合与分析，结合数电票的日常财税作用，协同共创。结合数字化平台与企业智能工具，倡导员工主动探索功能优化，将数字化思维融入工作逻辑。

从经营的层面来看，也要培训各层级员工的大局意识，相互赋能，增加企业整体经营管理的参与感与成就感。通过智能平台流转各财务分支的业务和合作，使每个环节都转为合作伙伴关系而非割裂的"各扫门前雪"。

培训数电票业务学习与培养数字化合作思维这两种方式，实际上是相辅相成的。在业务不断精进过程中，员工会体会到数字化合作的高效，了解到什么是"众人拾柴火焰高"；在各方面高效的数字化合作对接业务过程中，员工也能意识到自身的业务能力需要不断地精进，才能匹配整个团队的业务提升进程。

我们也可以不断探索达到数字化目标的更多举措，结合企业特点逐步开展行动，团队数字化的目标是企业管理数字化目标的首发项，这是我们一定不能放松的地方。

## 第二节  财务数字化

在分析了团队管理数字化的整体情况之后,我们可以针对性地分析一下财务的数字化目标。毕竟本书的主旨就是针对财税数字化管理梳理一条"万能公式"出来。我们同样可以从分析财务数字化的困境入手。

### 财务信息化使企业数据割裂严重

可以把目前企业财务管理的困境大概分成三个部分:一是信息化的关联度较低;二是数字化人才不足,数字化的硬件也不够完善;三是企业财税管理宏观调控方面的能力与意识缺失。

企业的财务管理最原始的困境是企业针对票税数据的信息化仅做到了碎片式归档,同时各部门分别建立起了部门内部的档案与处理模式。这样的运转如果单从部门效用看可能没有问题,然而从企业整体角度来看,这样一来则缺少了智能融合的可能性。

企业各部门之间的信息化数据缺少关联,无法对整体进行数据分析。

财务数字化最基础的困境,是数字化的财税人才不足,数字化工具不完善。人才不足的原因,一方面是相关的新行业人才培养需要时间;另一方面在数字化转型的大趋势下,数字化的财税人才确实是各企业争抢的对象。工具数字化不完善的原因也反映了企业的升级能力不足。

考虑到企业经营成本等情况,无法填补空缺,就像是备战之前无法做到粮草、弹药、兵马充足,因而无法完胜,这确实是现实的困境。

最后一部分则是企业财税管理宏观调控方面的能力与意识的缺失。宏观意识的缺失方面,当决策层意识到上述两大困境时,就说明已经有所觉悟了;而宏观调控的能力也不能仅靠一朝一夕的转变,而是需要建构一个完整的体系。

很多企业的初代领头人在创业时期并没有数字化的概念孵化出来,这也是时代发展的遗留问题。因此,我们更需要从财务角度推动数字化的企业目标。

## 优化财务运转建立数字化底座

我们分别从财务的运行机制、运行效率以及运行闭环三个方面来切入，具体分析数字化角度的财务工作优化。

（一）建立统一的运转机制

财务方面的管理优化与针对财务团队的优化一脉相承，企业需要对业务、财务和税务不同层面的运转统一制定管理制度。在规律的业务模式正常运行的前提之下，企业还需要进行流程分割与任务细化。切割的意思在这里并不是断开，而是仅保留财务与业务之间的合作关系，却不允许各部门成员做越过流程的行为。责任人各自分工，不参与他方的内部工作，有分工也有合作，这才是企业团队的优势。

这就好比《易经》中的运行规律，六十四卦互为综卦或者互为错卦，你中有我，我中有你，通过阴阳的转化达成变化。分工是一种趋势，但分工是为了达到合作，分是为了合，否则分还是没有意义。分中有合，合中有分，这是很完整的一个规律。

结合企业运行的机制来看，团队中分工明确是为了提高效率、合作成功。切割流程和细化任务都能够在智能系统实时监督业务运行过程中反映进度和效果。通过数字化优化数据共享，企业在业务流程中的每个节点上安排对应的责任人。智能平台集中汇总自动化流程线上的节点交付件，最后集成完整的电子档案，全周期形成数据管理。

运用人与人之间的分工以及人与智能系统之间的分工，达成合作目标。

（二）从多个维度提升效率

在完成数字化运行机制改造后，企业财税管理进入稳定运营时期。此时，无论是借助数字化中心平台持续拓展共享服务范围和业务范围，还是从质量、绩效、信用管理、内控等多维度做好数据管理，这些措施都可以优化企业运行效率。

企业智能系统将设置建模、聚类、分析处理后的财税数据展现到中、高管理层决议的数字桌面上,以便企业决议层宏观调控全局,针对财税运转的薄弱环节进行重点加固,持续提升企业运行效率。

(三)确保企业运转畅通

当企业的运行机制和运行效率都有维持与提升的稳步计划之后,我们将目光投向运行闭环。顾名思义,运行闭环就是智能系统会检查整个业务环节的流转,通过数字化的方式推动各个环节运转,同时进行智能监督、管控。

比如,当遇到报销进度停滞的情况时,智能系统能够进行智能复工提醒,告知会计与出纳发票的有效期限;当遇到积压已久的财税业务问题时,能够及时提醒税务会计最终截止期限;当遇到票税对账复盘出现问题时,也能够通过数字化流程进行有针对性的智能回溯,继而监督成本会计、出纳与总账会计等相关人员处理解决;等等。

综上所述,各环节运转流畅,才能推动企业稳中向好,不断提升。

## 贯通内外条件达到数字化目标

结合财务的人事优化方向,我们可以初步将两个实践方法落地:一是推动企业结合数电票平台完成财税业务的流程数字化管理;二是将企业经营模式与课税政策有机地结合在一起,再一同录入企业所用的智能系统。

(一)结合数电票进行流程转型

在前几章的理论篇中,我们梳理了金税四期政策之下的税制变革,列举了数电票的功能和用法,同时学习了财税政策近几十年的数字化改变。而现在企业的财务管理也需要摆脱困境完成转型。

特别是流程管理的转型,结合数电票在实际应用中的优势,企业建立适用自身特质的数字化智能系统,或者借助第三方数字化智能平台,都可以通过平台融合以往互相不关联的业财税项目,整合企业配置管理。

可以将财务管理系统的功能分为8类,分别是固定资产管理、收付款合同管理、应收应付管理、报销系统管理、费用管理、费用预算管理、税款管理、存货核算。

**1. 固定资产管理**

首先实现固定资产管理的数字化转型。对企业固定资产从新增到报废的整个生命周期的价值进行跟踪管理，不仅关注固定资产的价值管理，也要管理无形资产与递延资产。更新智能系统全面适配最新的财务管理政策与会计准则，同时建立起包括固定资产变动、减值、评估、拆分合并、盘点、减少等在内的日常业务的智能应用流程，以及资产追溯调整、资产组减值、模拟折旧等高级业务的应用流程。

**2. 收付款合同管理**

企业的经济往来，主要是通过合同的形式进行的。收付款合同管理系统基于数字化的管理模式，可以支撑企业对以自身为当事人的合同依法进行录入登记、审批、履行、变更、冻结、终止等操作，同时能够进行审查、监督和控制等一系列合同智能管理。

与合同相关的财税业务也会通过智能系统完成对应登记，企业能够通过审查合同等操作，与企业收支情况进行对照。

**3. 应收应付管理**

应收管理协助企业处理所有债权及相关管理工作，应付管理帮助企业处理所有债务业务及相关管理工作，包括企业与客户、企业与供应商、部门与业务员之间形成的应收应付业务、企业的收付款业务以及相关的查询、统计工作。这些工作都能够结合智能系统更高效地得以执行。

企业的智能系统可以结合税收政策和数电票智能平台提供各种来往款项的处理方案，包括如何处理债务转移、付款并账、坏账、核销等问题。通过对收付款全方位的管理，实现与采购、销售业务的紧密连接，也能加强企业对资金流入流出的核算与管理。

**4. 报销系统管理**

企业内部的财务事项，除业务往来之外，员工使用频次最高的功能就是报销功能。在理论篇第三章我们介绍了结合数电票的企业报销场景。

企业借助智能系统发起数字化的统一报销入口，主要支持企业全员实际发起的费用借款报销、应收应付、资金收付款业务申请，财务部会计对相应申请进行审批、结算与核算处理。

在智能平台上，员工可以填制申请单据、查看未完成的单据和已完成的往期单据；审批人可以查看待审批任务与未审批任务。平台还能够根据自定义的申请模板判断是否需要扫描影像复刻留档、是否需要加急等特殊处理。

**5. 费用管理**

费用管理主要对企业预算、资金计划进行控制，支持按期提供借款余额、借款和费用明细，也能协助企业查询费用汇总情况，以及借款账龄的分析报表。结合智能系统的数字化转型，能够强化费用报销的管理，提高运营流程，提升资金支付的效率。

智能平台能够加强企业对费用管理与核算方面的应用，支持费用申请、费用分摊与结转、待摊费用摊销等业务的数字化处理。除此之外，能够支持跨多个组织分摊费用；提供"费用申请—借款—报销"流程的信息化处理功能，做到对费用申请环节的事前控制；设置报销单据附件和各常用模板，方便业务员工进行自主操作与智能申请。

另外，更优质的数字化智能系统还能开发出支持共享服务模式的跨单位借款以及跨单位报销等功能。企业可以根据自身实际情况结合报销系统一起使用，或者单独使用费用管理。

**6. 费用预算管理**

费用预算管理结合智能系统为企业提供完善的预算解决方案，满足企业管控的应用要求。从预算目标下达、下级预算填报、预算数据上报和批复、数据多版本管理、预算调整、执行监控和预算多维分析等方面为企业提供智能解决方案。

通过智能系统快速实施费用计划的要求，可以根据预算主体、时间维度、币种、业务方案等维度提供简单预算样表，也能够根据行业、项目和客户等其他维度建立全面预算模型。在智能系统搭建全过程，包括预算填制、预算目标下达、下级预算填报、预算数据上报、预算数据复批、数据汇总、预算数据调整等，同时支持预算有误时将流程退回至上一层级。

费用预算数字化流程确定下来之后，可以协助企业针对各项目的前、中、后期业务进行估计，更加清晰地保障企业的成本管控。

另外，企业的费用预算还包括人力成本，工资与福利待遇的预算费用也可以利用数字化方式进行同步管理。

### 7. 税款管理

一般情况下，税款管理不会单独列出来，而是参与到其他财务工作流程中。这时，就更需要明确数字化税款管理在整个工作流程中的环节和渠道。

智能系统在上述财务流程中有同步抄送功能，当需要纳税申报时，结合智能系统自动整合的税务数据，汇总并完成人机调整，最后进行企业税务操作。

同时，企业还可以设置智能系统与电子税务局的联通，同步最新的税制政策，按照合规合法的原则给出纳税最优解，也可以在存在涉税风险时及时预警。

### 8. 存货核算

存款核算作为库存管理的后台，是从成本交付管理存货的出入库业务。利用数字化智能系统核算企业的入库成本、出库成本和结余成本，针对采购估价、成本调价、存货跌价等方面及时精确地计算各成本项目和成本对象，为企业全面成本管理和成本分析提供可靠、及时的基础数据。

库存问题主要会出现随时动态增变的情况，通过数字化进行自动化实时监管，可以动态反映价值、保质期、数量等方面的增减变动情况。形成稳定的日常管理之后，能够大幅提升库存清点的效率，加速产品周转。

通过流程转型显性化企业的管理制度，并且降低人为干预的风险。流程优化就是让财务部门站在顶层思考企业运转，与业务部门、供应链部门等一起构建分工与合作的企业财务体系。这就是针对财务数字化的第一种落地实践方式。

## （二）经营模式结合课税政策

按照企业的经营模式不同，课税方式有所区分。企业可以通过经营模式的变化，有针对性地实施财务管理，特别是可以从处理数电票的方式着眼财务数字化的转变。通常我们将企业的经营模式分为以下三种。

**1. 混搭经营**

混搭经营是指企业以科学的组织方式进行多业务、多品种、多方式的交叉经营和服务。这时候最好能够将数电票等税务事项按照不同的业务、品种模块分别归档，重新整合再结合智能系统进行分析与决策。如果不对混搭经营中不同模式的业务分别记录归档，不谨慎对待不同业务税务情况，企业后续重新处理整合又是一项大工程，费时费力。

**2. 分立经营**

企业决定分立经营的本意就是按照经营场景与税务管理场景的不同需求将企业分解为多家企业，再按照需求分别建立同源但适用不同场景的数据库与智能系统。分公司各自处理本公司的数电票操作，这样既能做到日常业务互不干涉，又能做到需要时几个分公司共同进行整理融合。

**3. 转化经营**

转化经营是指企业转化其业务重心与性质的经营，可以分为以下两种情况：如果是企业内经营业务与对应的税务政策优惠的变化，则按照数电票的主体信息做不同处理，随之完成税务操作；如果是企业根据其类型、地域、省级电子税务局的区分进行转化，则根据数电票的不同应用场景完成不同的税务操作。

# 第三节　工具数字化

俗话说："工欲善其事，必先利其器。"在我们认清了团队和财务的数字化转型困境之后，企业数字化转型的重点即针对工具的数字化转型。对于前两节反复提到的"智能平台"，我们可以在本节进行更加全面的了解。

## 从信息化工具到数字化工具

随着时代的变迁,在企业的经营发展过程中,业务操作越来越依赖工具的使用。然而,即使到了信息化时代,也存在大量的手工操作,比如企业内部数据采集与加工、根据不同计税规则进行成本估计与风险判断、统计分析等。而手工操作往往会不可避免地出现失误,不仅耗时耗力,还无法保证解决频繁出错等问题。

此时,尽管借助信息化处理工作的效率相较于全手动操作有所进步,然而相比数字化的工具仍然是"小巫见大巫"。如果说借助信息化的工具使企业经营效率实现了从 0.1 到 1 的提升,那么使用数字化的工具实现的效率提升则是从 1 到 100 的转变。

这里我们讲到的数字化工具并不是狭义的工具软件,而是涉及企业全过程业务的数字化系统生态。根据不同的阶段、不同的业务场景,企业可以搭建不同形式的工具、系统或者平台,覆盖企业研发设计、生产、采购、销售、财务、人力等各个环节。

以制造业为例,如今的制造业企业数字化建设主要以 ERP 系统为中心建立,集中在原材料采购、运输、生产到订单履行的制造流程以及针对客户的产品退回、维护、替换货等售后流程。

在以往,跨部门沟通容易形成"信息孤岛",企业总部容易与工厂、全国办事处形成时间差与信息差,缺乏共享渠道。涉及互相协作确认的项目业务时,完全依靠对应负责人的主动性,企业既不能跟踪问题完成解决,又不利于对问题员工进行追责。而通过对 ERP 系统的充分利用,企业能够完成全流程运转与决策层监督和复盘。

除了利用 ERP 系统提升制造经营效率,企业也可以利用 CRM 系统维护与客户的关系、吸引更多客户、创造更多收入、预测未来经营趋势;可以通过 SRM 系统改善与供应商的关系,提升采购效率,降低采购成本;也可以通过 OA 系统建立企业内部的通信系统,实现各部门工作流程的自动化，加强行政管理与企业文件管理等。

数字化的工具层出不穷，如硬件工具、软件工具以及 SaaS、aPaaS 类型的云产品工具。我们不仅可以按照实际需求进行筛选，针对不同的业务场景匹配不同的数字化工具，还可以对应企业需求来开发适用的数字化工具。

## 应用数电票官方工具

数电票的应用借助电子发票服务平台实现，税务机关为企业与个人配备了相应的智能系统，包括移动端与网页端两种应用场景。电子发票服务平台通过对数电票开具、应用与管理功能进行分层级、模块化的呈现，为纳税人进行税务操作提供最大限度的便捷。

企业不仅可以直接在电子发票服务平台的基础上处理涉税业务，还能够按照企业规模申请使用乐企等优质平台处理财税业务，也可以结合金税四期中数电票的优势寻找第三方发票服务系统。第三方系统主要将企业交易与税务系统对接统一，能够结合企业实际业务对涉及不到的数电票功能进行取舍，避免制定纳税方案中出现容易被混淆的规则，还能够对涉税项目进行初步风险预判等。

## 融合企业合作及自研工具

当我们使用各类工具进行数字化企业管理时，常常会为激增的数字化处理效率而惊叹。然而，这才是企业管理最需要警惕的状态。借助数字化工具管理企业不仅需要开阔的数字化接纳思维，也需要对工具的客观认识。企业利用人力资源得到的业务成果不可能仅仅依靠替换工具完成。

因此，企业现在的数字化转型主要是注重工具与人力的结合，发挥工具数字化的最大优势。无论是建机房、购买服务器、设计数据架构、添置智能设备还是购买软件应用、借助数字化人才搭建企业专属智能数字系统，都是已经发展得非常成熟的数字化工具。

上述分类的工具各有优劣，管理层在推动数字化转型时应该避免工具的重复使用或者滥用，不要一次性引入太多工具，同期熟悉与使用。借助数字化工具管理企业并不是多多益善，适合的才是最需要、最高效的。

企业管理需要宏观思维，通过梳理管理中可以被数字化优化的环节，判断什么是能够优化企业经营管理的工具，引入最合适的数字化工具。企业管理还可以针对企业现有的管理工具进行判断：是否符合数字化转型之后的企业管理逻辑；是否能够跟随企业财税管理完成升级；原来的算法是否已经被时代淘汰，所以考虑替换是否才是更优解。

在实际工具数字化的转型过程中，我们会注意到前期数据梳理准备与数据清理规范都会花费较长时间，但此时的投入是值得的。在转型初期，我们不用过高期待企业业务成效的改善，而是应该在摸索工具的使用与效益融合的过程中汲取经验、获得灵感，最后呈现出企业管理与数字化工具完美契合的结果。

磨刀是为了砍柴，企业管理无论是选刀具、挑选磨刀石还是完成磨刀都是有意义的。尽管最终管理成效是着眼于我们所砍的柴火，高效的数字化工具也是企业进行数字化管理的最大功臣。

## 第四节　管理数字化

结合前文我们对团队、财务与工具数字化转型实践的探讨，接下来我们就该整合现有资源来着手进行企业的全面管理了。企业的管理数字化目标可能很虚无，但是实际应用却很难把握。许多咨询公司甚至在宣扬"数字化焦虑症"，并通过列举一些数据力证数字化成功转型的公司不过半，以此来证明数字化很难实现。

但事实上，企业数字化的转型并不是一场总决战，而是由无数的小战役、无数个突破累积形成的成果。一蹴而就的心理对于企业管理转型来说并不可靠，特别是针对企业财税管理的数字化转型来说，一口吞象难以实现真正的满足，经营中需要的是长期的捕食、进化能力。

与其努力把握管理数字化的背景和意义，我们不如直接从功利主义的角度来看，数字化管理到底是如何影响着企业经营结果的？企业又能如何实现管理数字化的目标？

### 调动企业上下层变更管理模式

数字化管理，是指企业通过信息技术融合应用，打通核心数据链条，基于数据的广泛汇聚、集成优化和价值挖掘，优化、创新乃至重构企业战略决策、产品研发、生产制造、经营管理、市场服务业务活动，构建数据驱动型高效运营管理模式的能力。

进入数字化时代，当企业管理者面对员工时，仅凭指挥和控制是不够的，管理者需要转换角色，让团队成员主动跟随，从控制员工变为赋能员工。

"赋能"有两种意义，一种是赋予能力，通过员工认知和技能的转变让其大方施展才能；另一种则是激发潜能，这是一种互相的作用力，不仅能够激发团队成员的工作潜能，而且在过程中管理者也是在挖掘自己的管理能力。倘若企业中的每个人都能做出更好的工作成效，企业的进步就毫无疑问了。

在数字化转型的基础上，企业管理注重的仍然是如何利用更加智能的手段赋能组织、赋能员工，完成企业经营目标，提升企业经营效率，改善管理漏洞。数字化的转型对于企业管理来说，是一种非常有力的手段，但不是目的。

我们可以从技术与战略两个角度入手，了解运用数字化手段是如何改变企业管理模式的。

在数字化转型的过程中，强调技术的驱动力是非常重要的，企业管理要为技术埋单，重点借助各类数字化的软硬件工具。硬件工具使企业数据不上云，有力保障企业经营数据的隐私。软件工具则主要借助互联网，借助线上随时录入随时解决的模式，完成管理的借力。

战略的驱动力主要是从企业宏观发展前景出发。以全世界规模最大的娱乐体验企业为例，某迪公司的经营覆盖动画、电影、主题公园等多个领域,在经历一段时间的动画事业低谷后,企业管理层重新审视企业的核心价值观,重新聚焦在"以创意为本,以家庭娱乐为核心"的核心价值观之上。

某迪公司从战略上引入数字化的创新思维,积极投入数字化领域,推出了某迪公司+的流媒体平台,以满足现代消费者对多样化内容的需求,并运用人工智能等技术提升用户的互动体验,为用户提供个性化的创意活动。

不断关注数字化的战略驱动,还有以保密著称的员工管理——这些持续的创新与变化都为某迪公司保持其在娱乐产业的领先地位发挥了巨大作用。结合战略驱动与数字化思维创新经营,恰是企业数字化管理的成功例证。

娱乐与创意行业的公司可能对现行国家实业企业的借鉴意义偏少,但是数字化的模式是能够互通的。下面我们再来看一个国货品牌转型的例子。

某电器公司是一家成立于20世纪90年代的国家500强科技企业,主要经营半导体、电子产品以及新型光电器件等,是占领了智能电视、手机市场大头份额的国家级企业。在经历了大数据、物联网等技术对传统制造业的冲击之后,公司财务管理层希望顺应数字技术的发展趋势,打造既有智能+互联网又有产品+服务的"双+"战略定位,并且完善全球业务的布局与国际化战略。

这家电器企业通过建立以用户为中心的企业价值链,从用户市场着手开启研发、供应、生产、销售的全过程数字化渠道,建立全品类的数字化工厂,建设与企业适配的员工、客户、用户、管理与产品一体的数字化系统。顺应时代趋势,结合国际化战略目标,通过数字化手段一站式完成从传统制造业到互联网加国际化的优势领军电器企业转型,这就是数字化企业管理优势的最好示范。

可以看到,企业借由信息技术融合智能应用的手段,打通企业经营的数据链条,将企业的产品研发、生产智造、经营管理、市场服务与整体的战略决策活动进行优化与创新。如此进行企业优化,相信哪怕市场萧条、环境动荡、成本增加等许多不可控的因素出现，企业也能稳步建立起充分的发展稳定能力与相应的抗风险能力。

近年来，国家高度重视数字化转型升级，为了鼓励和支持企业施行数字化管理，在顶层设计上做出了一系列的统筹部署，特别是金税四期等一系列数电票相关的财税政策，为企业开展数字化税务管理指明了政策方向。接下来，我们可以结合案例来梳理企业的税务管理数字化目标是如何落地的。

## 铺设管理数字化道路路标

建立企业的数字化管理有很多经验可以借鉴，我们着重通过针对税务管理的方案来梳理如何建立数字化管理。

（一）优化整体模式小目标

"优化"应当贯穿税务管理数字化转型的全流程。整体模式小目标包括提升工作效率、降低企业运营成本、提升客户与供应商的满意度等。由此可见，企业在现有基础上进行优化，是为了更高效地制定管理策略和模式。在选择好适配企业模式的数字化工具之后，按照现有财税业务的管控与运行排查漏洞，不断基于新技术实现管理模式与监督模式的创新。

同时需要注重对于创新型数字化人才的引进、培养和使用机制，我们在第一节也梳理明确过团队组织与管理的重要性；还需要注意更新信息化的统一制度与流程，整体打造多层次、跨部门的业务场景，实现整个公司的业务流转协同。

在企业现有的整体管理模式之上，完成数字化转型的成本与效果比对，取长补短，再进行整合，得出数字化管理模式的最优解。

（二）管控执行数字化里程碑

企业决策层影响着整个公司的发展纵深方向，而管理层则影响着整个企业的效能与业务广度。执行层面的管控不能完全依赖数字化的数据处理，也不能仅听信智能系统的预测与建议，如果人工智能的运算能够取代人的战略眼光，那么大部分企业经营就没有用武之地了。

借助数字化智能系统,企业的执行与管理层能够随时记录和调阅日常财税数据,形成财税业务报告,预测财税业务走向。但是一旦出现风险与预警,财税管理要有战略眼光,一方面立即完成涉税补救部署,另一方面对相关业务员工进行追责与回溯。

所有的管理机制都是为了日后不再犯相同的错误,不再出现业务空白区域,能够完成本部门与跨部门的业务归类与协同分工,持续为企业增效。

### (三)精益商业分析完整度

曾经的企业税务管理可能充满了不确定性,野蛮生长的管理惯性、不规则的税制管控、不健康的业务交易等问题,这些都会令企业在进行管理数字化转型的初期吃尽苦头。但是在此过程中,企业如果可以挖掘病灶,剔除烂肉,并不断补充新鲜的养护意识,也将会是绝无仅有的宝贵经验。

因此,企业更应该在经历转型阵痛的过程中注重业财税数据归档和问题记录,及时分析并总结自身各方面适应数字化转型时期暴露的不足,持续发展新的管理适应能力,完善企业新型税务管理模式与商业逻辑,形成健康的发展生态。

# 让税务数据为企业攫取价值

第六章 CHAPTER 6

## 第一节 税务数据的获取

在通常概念上，数据是指各种统计、计算、科学研究或技术设计等依据的数值，而税务数据是指政府及纳税人在税收征纳过程中产生的各种数值及其组合，是税务信息的原始素材和客观表达，具体涵盖了纳税人基础数据、会计统计数据、电子纳税数据、调查记录及工作底稿数据等诸方面，常以电子记录的方式予以体现。但由于单一纳税人的税务数据蕴含的个体或组织信息内容有限，不能为税务数据拥有者、使用者或控制者带来稳定可预期的效用与功能，因此，通常意义上的税务数据应理解为税务大数据。

**税务数据的获取**

税务数据是一个企业具有决策参考价值的重要信息资产，有着很高的敏感性和保密性，税务数据的挖掘和运用，现今从理念层面进入了实操层面，特别是随着企业税务管理数字化转型，税务数据可以更好地帮助企业财务管理从另一个维度去了解企业本身的财务状况、税收负担、涉税风险等，进而为企业的经营策略提供思路的数据支撑。

税务数据客观反映了一个企业的真实经营状况，但目前存在数据采集规划不够完善、采集要求不够明确以及方向存在偏差的问题。大企业涉税数据采集体系未能及时调整，对数据的量级、维度、渠道、功能等缺少分析，而且涉税数据申报制度较为笼统，缺乏严密的申报规范和申报流程，特别是对财务报表、电子账套、关联交易信息、发票入账信息等数据获取还不够规范。

税务数据的获取分为系统取数和手工录入，系统操作有三大系统，分别是业务系统、财务系统和发票系统，各系统获取数据的同时需要手工录入合同数据、视同销售数据、房屋土地信息和其他业务数据，通过比对校验和手工调整，按照税务规则自动计算为计税台账，完成税务数据的获取。

在获取税务数据后，通过税务数据四大特点，即全面性、差异性、系统性和强制性，企业不仅可以分析自己的情况，而且可以分析下属企业的情况。全面性全面反映企业的经济活动，例如与纳税人存在购销关系的乙方和甲方的情况，通过税务数据尤其是增值税发票信息反映出来。税务数据大多来自财务数据，但两者又有差异，例如纳税人的无偿赠送行为，按照税法需要视同销售，确认财务数据没有的视同销售收入和销售成本。

由于税法有各种优惠政策，纳税人享受有关优惠政策时，需要按照税法要求留存有关资料，这便需要将有关数据进行系统分类，例如研发费用加计扣除数据，就包括与研发费用有关的立项、合同、人工、设备、材料等各种费用，从而形成一个个税务数据系统。除此之外，非上市公司的数据尽管也需要按照《会计法》的要求准确记录并保存规定的年限，但没有对外披露的强制要求，而税务数据必须提交给税务局，这是税法的强制性要求。

因此，税务数据获取环节不仅是简单地对数据进行采集，还要明白获取税务数据的目的是什么、企业的税务实际情况如何、获取时是否符合税法的规定等问题。

## 税务数据的处理

如果只是将税务数据往文件夹里一放，那么就无法高效地从所获取的数据中提取大量的业务信息，缺乏文档量、流转效率、归档、利用等信息统计分析，这并不利于企业持续改进税务管理。

税务数据经过采集获取后，进行集中处理。基于集中的发票管理系统，申报数据采集支持与企业系统对接及导入方式采集，集中进行业务信息至税务信息的规则转换，之后对灵活的数据取数处理，例如会计科目、数据表、数据库取数发票平台的发票明细以及认证结果取数，自动生成纳税申报表，再通过财务核算系统完成申报回执档案归档。

简单来说，税务数据的处理思路主要是数据计算、数据关联和数据筛选，数据计算通过将不同的数据加总起来，就可能获得一个全新的数据，又或者将汇总的数据拆解开，或许可以看清表象背后的实质。数据关联便是将不同的数据关联起来，进而可以发现某种趋势、规律或事实。数据筛选则是在众多数据中排除干扰数据，筛选出最能说明问题的信息，抓住主要矛盾。

处理过程相当于浅层分析过程，分析企业风险、税负以及管理成效。风险分析就是分析潜在的风险，以高新技术企业为例，企业一般有诸多数据指标，如果研发人员占职工总数的比例出现失衡，那么就必须随时监控这个数据，一旦出现特殊情况立即采取措施以保证该比例符合要求。要想明白数据差异到底属于税负问题还是管理问题，关键是要正确分析数据差异是由客观原因造成的还是管理疏忽造成的。

因此，在税务数据处理过程中如发现一些企业税务管理上的问题，应深入研究，挖掘税务数据的潜在价值，以便更好地服务于企业管理。

## 第二节　税务数据的存储与管理

企业在进行税务风险管理时，利用税务数据能够实现企业资源的实时共享与存储管理，在帮助税务管理工作者及时掌握最新信息后，为后续的管理工作明确方向，也为后续的税收规划提供强有力的数据支持。

## 税务数据的存储

传统的税务数据资料以纸张为主要载体,占空间的同时查找效率低,借阅管理流程亦混乱,有时需要"东找西找"还不一定找得着,费时又费力,那么就需要一个电子会计档案进行存储和管理。

税务数据应从源头抓起,确认文档归口进行储存,线上与财务系统、协调平台高效集成,按匹配规则自动关联相关数据,财务系统传输记账凭证数据,收集记账凭证后将发票数据推送财务系统联查。供应商协同平台在财务系统所收集的记账凭证加上本身传输的业务单据信息,以及影像文件附件的地址,同时通过费控系统所传输的报销单号和影像文件附件的地址,在经过影像系统的文件存储后,成为原始凭证,之后将记账凭证和原始凭证进行关联,生成了版式文件,经过四性检测,补充附件,线下通过二维码方式实现电子数据与纸质数据的自动关联,实现线上线下一体化归档。具体流程如图 6-1 所示。

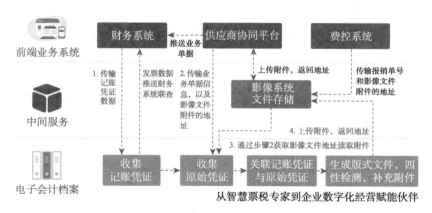

图 6-1 电子档案解决方案

四性检测就是真实性、完整性、可用性和安全性检测。例如电子档案归档时首先要进行真实性检测,真实检测包含固化信息检测、数字摘要检测、元数据检测、电子属性检测及信息检测。四性中每一个属性检测都严格进行,最后可导出四性检测报告,不通过则进行补充或调整,大幅提升税务数据的可利用性和价值性。

在进行税务数据的存储后(以标普云[①]为例),我们便可通过文件查询、元数据查询、全文检索进行借阅申请了,再也不需要东奔西跑去找资料,其过程为电子借阅—借阅审批—在线预览—到期自动归还—借阅统计。

**税务数据的管理**

大量的纸质单据需要打印、匹配、归档整理,效率低下,同时凭证打印、装订人工、装订耗材、存储等工作环节管理成本高,容易遗失和被篡改。税务数据的管理对象包括合同及订单、银行单据、发票、其他票据、出库单、报销单、工资表、审批单、会计凭证、会计账簿、其他报表及报告。

一般情况下,税务数据的管理需要平台系统,类似标普云,在打造企业业票财税一体化管理平台中,赋能企业财税管理升级。其中的数据分析模块分销项管理、进项管理、协同管理、税务管理、档案管理和数据管理六大模块,经过受票协同、采集合规、报销入账、入账归档、入池即数据、平台即账户,完成一体化管理。

税务数据管理的益处是显而易见的,电子化档案使得票据等脱离纸张的制约,变成可组合、可拆解、可关联的数据项,成为企业财务数据分析的坚实基础,同时大幅提升发票报销、发票查验、纳税申报、进销存管理、供应商管理等工作的效率,更重要的是,为多部门协作提供了数据共享平台,避免了重复劳动。

## 第三节 税务数据:借力企业的管理洞察

随着税收征管不断数字化升级和智能化改造,税务数据在企业税收管理中的作用将进一步凸显。因此,要深入企业税务数据获取体系、数

---

① 深圳标普云科技有限公司,成立于 2017 年,是一家面向产业互联网的 SaaS 服务商,主要为企业提供可咨询、可落地的"数字化经营"产品树和服务。

据处理、数据存储和管理成效方面持续强化探索，我们要将探索的"感性材料"转化为"理性认识"，从而更好地利用税务数据来提高我们的税务管理能力。

### 完善税务数据获取体系

在数据获取环节，首先，定义统一规范的税收元数据，保证企业财务部能够按一定量和维度规范获取相关应用数据。其次，重塑企业税务数据标准化战略，整合统一税收征管数据管理标准，推动税务数据进一步标准化。

在数据处理环节，一是对企业应保质保量完成相关数据申报，如果经常性地出现税务数据超期报送、数据差错、逻辑混乱、敷衍塞责等情况，应给予严格的应对。二是进一步明确企业税务数据申报的有关规定，完善数据安全保护措施。

在数据存储和管理环节，首先，开阔数据获取视野，通过制定实施企业税务管理框架，引导企业构建更加完善的数据内部管理、统计、报送制度，推动将更多隐藏的数据显性化；其次，企业规划统一的税收管理信息系统后，促进集团内部税收业务的沟通交流、经验分享和疑难解答，推送产生更多的数据；最后，将税务数据管理融入企业经营全过程，确保税务管理人员对企业经营业务、经营过程有较为全面的了解，通过挖掘数据进一步探索企业的税务管理趋势。

### 扩大税务数据获取内容

首先，要突出电子税务局作为企业税务数据采集的主渠道作用，完善专用数据接口，并通过互联网等渠道不断拓展数据获取触角，同时通过借助全国一体化政务大数据体系建设的有利契机，将税收大数据融入企业税务数据管理体系，扩大数据采集面。

其次，拓展数据采集范围，率先在企业探索全税种合并申报或要素关联申报，最大限度地减少纳税申报表的重复内容，通过申报预填服务减少企业申报数据项,为扩大数据采集范围奠定基础。完善财务报表、电子账套的采集内容,尽可能扩大采集范围,包括强化对企业境外经营数据的采集。在税务信息保障的规范性和力度大幅提升的基础上,进一步明确各类相关主体提供税务数据的范围、内容、程序、方式和时限,确保税务数据采集完整可用。

最后,需要增大数据获取的维度,可以扩大税务数据采集的范围,采集的企业内部数据要涵盖财务税务数据、经营数据等,外部数据要尽可能覆盖各类监管、监测数据,还要注重采集企业的历史数据与当期数据。此外,还要扩大税务数据采集的主体维度,探索雇主雇员双向申报机制,引入第三方系统、各类中介机构和其他第三方的关联申报制度。同时要扩大数据采集的结构维度,依托 ERP、数据库、文字处理等平台,加强对半结构化数据、非结构化数据的采集与管理。

### 优化税务数据管理机制

首先,改进数据展示机制,构建完善"总对总"管理模式,强化税企双方在数据收集、分析、利用等方面的合作,实现高效的信息沟通,降低企业税收数据管理成本。同时,制定企业税务数据管理评价办法,根据企业数据管理、内控机制、信息展示等方面的表现,运用声誉效应实施差异化管理。强化以数据换服务、以数据换数据,通过税务部门实现更为精准、有效的数据赋能服务。

其次,优化数据采集手段,通过整合研发税务数据终端接收系统,及时采集企业相关税务数据,并依托全面数字化的电子发票与"乐企"服务优势,推进与企业业务系统的直连。在全国一体化政务大数据体系框架下,搭建完善跨部门数据共享平台,推动跨部门数据对接,加速数据共享。除此之外,还可以引入网络爬虫、搜索引擎、图形识别等先进技术,在互联网上收集、筛选、捕捉企业涉税信息,实现对企业经营活动的跟踪监控。

最后,加强数据汇集管理,在全国一体化政务数据全部纳入目录管理过程中，梳理跨部门涉税数据标签，按重要性分类，整合形成全国统一的税收数据库。通过强化涉税数据的加工，将非数字化标准文件进行光学字符识别（OCR），通过"自动+人工"拆解为颗粒度更细的涉税结构化数据或非结构化数据标签，按照"一户式"管理、"各系统"整合、系统云化的要求，实现集团"一户式"数据集中，推动对企业税务数据的集中存储、处理、分析和应用。

**提升税务数据的价值性**

首先，制定税收大数据扎口采集管理办法。形成各层级、各部门、各岗位数据采集规程，确保税务数据获取专业化。由数据管理部门牵头对所获取的数据进行分类加工，及时发现异常数据；分析数据异常的原因并删除错误数据、保留有用数据，避免垃圾数据进入系统；完善数据质量管控体系，设立数据审计规则，制定涉税数据管理、考核和数据变更等管理制度，构建对涉税数据增量、质量逐级负责的责任机制。

其次，强化数据管理机构的数据管理职责，减少其他业务的干扰，使现有数据管理人才能够将主要工作精力投入数据分析应用中，确保在企业税收风险分析应对、个性化服务中按需而应。制订数据管理人才培养计划，构建开放、对等、共享、全局运作的实训平台，团队化培养税务数据管理人才，强化人才保障。此外，借助大型互联网公司的实力和技术，依托高校、社会中介、科研机构和智库大数据支撑，构建强大的智能化税务数据分析网络。

最后，构建功能强大的智能数据分析平台和决策辅助平台。充分使用大数据分析工具，不断丰富税务数据相关性的分析成果，运用数字孪生、流式分析、数据预处理等新技术强化数据创新研究；从行业特点、经营特点、组织结构特点等方面整体把握企业的经营、纳税状况。通过企业"办税痕迹""行为指纹"等对企业税收遵从行为与服务需求进行大数据预测，并通过资源整合、智能提取数据，推动报表预填、确定性服务等服务监管措施落地。

## 第四节　企业税务数字账户建设

有些企业发现自己无法登录增值税综合服务平台，系统弹窗提示要通过"税务数字账户"功能进行操作，那么税务数字账户到底是什么？

**税务数字账户是什么？**

随着数电试点不断推进，在这个过程中也出现了新的开票方式和新的用票平台，新的开票方式是乐企直连，而新的用票平台便是税务数字账户。税务数字账户是用来记录纳税人在一定时间内发生的开票、用票等交易信息，同时可依据信息进行相应的涉税业务办理的统一账户。

税务数字账户旨在对纳税人通过各渠道开具、取得和经办的各类发票进行归集，常用的功能有发票勾选确认、发票查验等，与增值税发票综合服务平台的功能基本保持一致，但又实现了增值税发票综合服务平台、发票查验平台等多个平台功能集成的一站式应用。

税务数字账户相当于数电票的一个系统化的"文件夹"，税务数字账户集成发票信息、优化发票应用、完善风险提醒，明确了税务数字账户的三个特征。

（一）一户式发票数据归集服务

电子发票服务平台税务数字账户自动归集信息，试点纳税人开具和取得各类发票时，系统自动归集发票数据，推送至对应纳税人的税务数字账户，实现开票即交付，从根本上解决了纸质发票易丢失、破损及电子发票难以归集等问题，降低纳税人发票管理成本。

（二）一站式发票应用集成服务

数电票发票的查询、查验、下载、打印、用途确认等功能，增加了税务事项通知书查询、税收政策查询、发票开具金额总额度调整申请、原税率发票开具申请、操作海关缴款书业务等功能，为纳税人提供了高效便捷的发票服务。

### （三）集成化发票数据展示服务

电子发票服务平台税务数字账户为纳税人提供开具金额总额度管理情况展示服务，纳税人可实时掌握总授信额度和可用授信额度变动情况。同时为纳税人提供风险提醒服务，纳税人可以对发票的开具、申报等流转状态以及作废、红冲、异常等管理状态进行查询统计，以便及时开展风险应对处理，从而有效规避因征纳双方和购销双方信息不对称而产生的涉税风险和财务管理风险。

## 税务数字账户的建设功能

在税务数字账户平台页面，数电票系列操作也增加和细化了部分功能，例如抵扣勾选，若要对取得的增值税抵扣凭证进行进项抵扣的用途确认，我们可以通过电子发票服务平台功能菜单依次选择。

我们可以在平台"发票勾选确认"页面查询未勾选的发票进行抵扣勾选操作；也可以在平台"统计确认"页面生成统计报表，进行数据统计确认操作；还可以在发票查验功能设置条件，以方便调取需要处理的发票详情信息；除此之外，还有发票入账、发票状态修改等功能操作，处理的基本步骤相差无几。

由上述的数电票系列操作可以了解到，税务机关通过电子发票服务平台税务数字账户，为试点纳税人提供了发票归集、用途确认、查询等服务。纳税人开具和取得各类发票时，系统自动归集发票数据，推送至对应纳税人的税务数字账户，从根本上解决了纳税人纸质发票管理中出现的丢失、破损及电子发票难以归集等问题，并支持纳税人对各类发票进行用途确认、查询，同时满足纳税人对已入账发票进行标识、税务事项通知书查询、税收政策查询、发票开具金额总额调整申请、发票风险提示等需求，为纳税人提供高效便捷的发票服务。

税务数字账户相当于中间支柱，上方支撑着流转税申报、所得税申报、财税申报以及出口退税申报，从同一套数字账户中直接读取记账结果支撑各个税费种的申报预填，极大地简化了预填应用逻辑和资源消耗。

下方依托税收征管数据和企业交易数据,进行统一存储,这样数字账户便可以全面、清晰地反映涉税业务的来龙去脉,通过各个业务域进行交叉验证,提升预填服务的可靠性。

税务数字账户通过对数据统一治理,从事后加工清册变成事中记账,税务人端和纳税人端都可以及时自查自检,为发现问题、解决问题预留更充足的处理时间,降低了处理应急问题的风险。税务数字账户实现了算税从"事项驱动"向"数据驱动"、从"间接复杂算税"向"直接简单算税"的转变,算税规则和数据则实现了从"分散管理"向"集中管理"的转变。

**税务数字账户的建设成果**

税务数字账户是以纳税人为中心、以可信数字身份为基础、以自然算税和集中算税为核心、以"一户式"信息归集为拓展的算税中台及其上的纳税人涉税数据门户,是可信、发票和申报等生产应用的支撑系统。

基于电子发票服务平台建立的税务数字账户,既用于储存纳税人详细信息,又可使办税流程更加简易,利用其开放性的特质,打通信息壁垒,形成一套可供多个部门使用的全国通用账户,展现出数字化税务的优质服务和优势成果。

(一)系统性优化核心业务实现方式

税务数字账户对不同业务域的不同规格、不同形态原始数据进行了规范性表达,以一套标准的账户语言将各个业务域的原始数据转化可追溯、可衡量的权利、义务数据,提升了申报服务的可靠性。

(二)支撑查询和"动态画像"创新新场景

税务数字账户归集了全量涉税信息并提供"全息式"展示查询创新服务,例如自用票信息展示、分类票夹归集和涉税信息查询等,此外以交易为起点,途径开用票、申报等业务环节,以征退为终点的账户算税体系,将现行仅利用各类申报缴款数据进行纳税人事后分析的画像体系,扩展为覆盖事前预测分析(运用交易信息、开用票信息等对后续涉税行为进行预测）、事中比对分析（运用预测数据与纳税人实时填报数据进行比对）、事后核算分析（各业务域记账数据交叉比对）的动态画像体系。

（三）提供"风险管理互动"和"个性化"应用服务

税务数字账户所提供的"风险管理互动"应用服务分为服务类互动和管理类互动，服务类互动即优化"推送式"政策辅导，提供精准推送、网格化服务、知识服务等服务，实现税务数字账户事前风险提示提醒服务。管理类互动就是税务机关线上推送相关风险疑点预警，交互辅导纳税人开展相应的自查自纠和应对处置，实现"一体化"风险防控的闭环管理。其中还提供了"个性化"服务，也就是合规自检服务和涉税社交关联。

税务数字账户是高度契合纳税人生产经营需要的一站式平台，对比国家税务总局出台了《税务数字账户操作指引》，而作为纳税人的我们，需要自行开发满足规范的子系统，自行部署后主动接入税务数字账户。

## 第五节　透明、精准、高效：数电票在发票管理中的应用

在数电票试点的扩围进程中，横向实现了省市上的分布，纵向表现为在一些企业中应用的加深，其中代表之一就是新零售企业上的应用，因为新零售企业业务的灵活性、零散性等特点，数电票为新零售行业带来了诸多便利性。

### 票据电子化提升管理效率

新零售企业的销售渠道更加多样，业务繁多，尤其连锁零食店，由于代销单据多造成的订单数据与财务数据的出入；压单、滚单、月结等往来账务无法即时结算，有时仅门店的销售就涉及进场费、广告促销费、上架费、展示费和管理费，涉及大量不同类型的发票校验和合规问题，因此在这些业务流程中就需要更高效率的票务系统，而数电票的优势便

是财务不再需要使用税控专用设备，无须办理发票票种核定，无须领用发票，线上系统即可办理，自动赋予开具额度，并根据纳税人行为动态调整发票额度，大大简化了开票流程。

对于新零售企业而言，数电票使企业财务管理的各个环节实现了发票的电子化和数字化，不仅是新零售企业，其他企业也可以通过系统实现统一的发票管理，节省过往纸质发票邮寄，同时利用发票核验系统快速验证发票真伪，节省审核时间，对于票据的验收更加高效。

### 入账一体化降低管理成本

新零售企业在缺乏数电票系统介入时，总部和门店分隔两地，需要投入大量的沟通成本、时间成本来进行信息核对。如果门店的报销处理人员不熟悉基础的财务知识，需要从原本繁忙的工作中抽身完成开票、整理、贴票、邮寄、上报等一系列工作，而这一切并非易事。

数电票则使企业能够迅速搭建数字化的发票管理系统，用于开具和接收发票、入账以及归档等工作，包括回收门店发票，无须打印单据、贴票、整理，财务收单自动匹配单据，在提升了全国各门店发票管理效率的同时减少了管理成本。

### 数据透明化提高管理水平

数电票开具后，发票数据文件自动发送至开票方和受票方的税务数字账户，交付入账便利，也减少了人工收发，同时依托税务数字账户，纳税人可对全量发票数据进行自动归集。这样一来，发票信息的录入、传输和存储都由数电票的自动化处理自动完成，减少了人为因素的干扰，极大地降低了错误率。同时由于交易数据更加透明，发票管理在精准计税、高效合规管理和税务风险控制方面的手段更加有力，从而促进企业信息化和数智化转型升级。

# 数电票与企业税务合规化

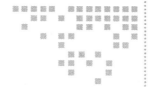
第七章
CHAPTER 7

## 第一节 企业税务合规的要求

"国有国法,家有家规",我们从小就对"规"这一字不陌生,在学生时代要遵守班规,那么成年后的我们,无论是企业老板还是财会员工,也有要遵循的"规矩"。

由于企业在社会生活中承担着创造经济价值和维持社会经济秩序稳定的两大职责,企业的税务合规既能保障企业维持正常的生产经营活动,又能为行业的良好运转添砖加瓦,进而积极地承担社会责任。具体而言,企业税务合规是维持自身健康发展的重要前提,企业管理者及相关人员只有注重企业涉税风险管理,才能最大限度地降低税务风险可能造成的影响,做到防患于未然。

除此之外,法治社会建设的大背景下,未来企业的竞争力不仅体现在产品质量和服务方面,还体现在企业遵纪守法方面。企业如果有涉嫌虚假、偷税、漏税、逃税的违法行为,不仅会面临巨额罚款,涉及违法犯罪的相关企业人员甚至可能会锒铛入狱。

税务合规对企业长期健康发展起着基础性和支持性作用,正所谓"万丈高楼平地起,一砖一瓦皆根基",企业税务合规就好比建高楼一样,必须"夯基垒台"。企业税务合规合的是什么规?合规的要求又有哪些呢?

## 税务合规的定义

企业税务合规是指企业在日常经营活动中严格遵守国家税法和相关规定，遵守税收政策、履行纳税义务，及时申报税务信息并提供相关证明材料，有序地进行纳税申报、缴纳税款并接受税务检查的过程。

从税务合规的整体目标上看，是通过开展包括制度制定、风险评估、风险应对、责任追究、合规培训等在内的有组织、有计划的管理活动，使企业及其员工的经营管理行为符合税务方面的法律法规、监管规定、行业准则和企业规章，以及国际公约、规则等要求，防止因税务不合规引发法律制裁、财务损失或声誉损害。

从细分目标上看，税务合规包括税务政策、纳税申报和税款缴纳符合税法规定；经营决策、经营活动考虑税收因素的影响，符合税法规定；税务事项处理符合相关会计准则以及税法规定；税务规划具有合理的商业目的并符合税法规定；税务登记、账簿凭证管理、税务档案以及税务资料的准备、报备等涉税事项符合税法规定。

## 税务合规的要求

（一）基础性税务合规管理

（1）涉税流程管理以及纳税申报管理。企业内部制定各项涉税财会事务的处理流程，明确职责、权限和分工，同时完善纳税申报表编制、复核、审批、报送及税款缴纳的程序，明确相关的职责和权限。

（2）涉税资料管理。制定涉税资料准备、报备和存档的规范，使企业涉税业务资料能按税法要求得以真实、完整、准确地准备和保存。

（3）纳税信用等级管理。企业的信用问题是不容忽视的，预警日常信用扣分项并及时修复，评估提级空间，辅导等级提升。

（二）业务流程税务合规管理

（1）商务谈判。核查税务问题是否充分纳入谈判考量，防止在项目启动阶段就埋下税务隐患。例如，是否已将税负纳入成本测算、是否将税负承担等重要条款纳入谈判条件。

（2）合同书立。核查合同是否设立了涉税条款，是否充分考量了税务风险。例如，是否对税负承担、票据类型、开票时间、税率、税率变动条款等进行必要约定。

（3）项目执行。督查合同涉税条款是否严格执行到位，并总结经验，为企业常见合同类型制定"税务问题处理流程指引"和"税务条款范本"。

（三）发票专项合规管理

（1）报销凭证审查。制定完善的企业报销标准和凭证审查制度，严格进行凭证的合理性和合法性审查；实质和形式审查。

（2）增值税发票审查。制定增值税进项、销项发票核查标准。例如真伪查验，发票印章、发票备注栏规范性审查等。特别要注意增值税发票虚开风险预防及应急、补救措施的制定。

（3）异常发票、失控发票风险应对。制定相关应对办法，实现业务资料完备齐全，与进销发票相匹配，报销凭证与报销内容要素相符等，应能证明业务往来的合法性并能追溯到责任人。

（4）历史大额发票追溯审查。制定对历史发票定期审查的制度，特别是对大额成本发票，应避免不合理、不合法支出，对"历史风险"进行有效切割。

（四）上下游关联企业税务合规管理

（1）日常管理。供应商、服务商、客户等上下游关联企业如出现税务、司法等风险（如走逃、失联、经营异常、吊销营业执照、涉嫌税务违法行为等），很可能会导致企业的税款损失和经营风险。因此，应建立对上下游关联企业的合规尽调和定期评价制度。定期查访往来密切关联企业的资质及经营情况，如发现异常，应及时通知业务部门，并采取相应措施，最大限度地降低企业风险并减少损失。

（2）长期目标。将企业合规的要求向上下游关联企业渗透，尽量寻找合规要求一致的企业合作，淘汰不合规的商业伙伴。

### （五）重大经营事项税务合规管理

（1）针对企业设立、股权转让、股权激励计划、IPO、并购重组、房地交易、重大分红、重大投资、重大合同、破产清算等企业重大经营事项，应制定专项税务风险管理机制。

（2）企业合规专员应参与企业战略规划和重大经营决策的制定，并跟踪和监控相关税务风险，将经营决策、税负测算、方案确定、税务局沟通、纳税申报与缴纳、手续办理等重要节点的税务风险纳入合规管理。

### （六）特殊税务风险合规管理

（1）税务举报风险。针对诉讼对象、竞争对手、关联企业、内部员工、股东及家庭成员等提出的涉税举报，以预防和化解风险为首要目标，制定应急预案。

（2）税务检查风险。针对税务主管部门的纳税评估、稽查局的税务稽查，制定相应接洽、沟通、应对、处理的预案。设立专班负责与税务局的对接、回应、反馈、自查等工作。

（3）司法案件涉税风险。针对企业民事案件等司法案件中可能存在的税费承担、发票开具纠纷等税务风险，制定应急预案，并设立案例库，以应对不时之需。

（4）行业性税务风险。对经济形势、产业政策、市场竞争及行业惯例等税务风险进行识别，针对本企业易发、多发的税收风险，进行预防性管理，定期开展自查。

除此之外，我们可以从金税四期国家的几项稽查重点中讨论出税务合规的其他需要格外注意的具体要求。

（1）企业发票问题。国家税务总局在税务稽查中，十分重视发票的"三查"问题，即"查税必查票""查账必查票""查案必查票"，这就要求企业在开票问题上要注重"三流一致"，也就是资金流、发票流、合同流相统一，如果还有货物流便是"四流一致"，另外也提醒了企业一定要做好存货管理，统计进货、销货、存货量，定期盘点库存，做好账实差异分析表，避免账实不一致。

（2）税负率异常。金税四期对企业的税负率已经很严格了，企业时刻被监控着，无论税负率过高还是过低都有被税务局"约谈"的风险，但一般情况下企业在某个时期内的税负率波动不会很大。在税务系统升级后，每个行业的增值税、所得税税负水平以及变化在当地税务系统中的记录更加详细，对于企业的税负率浮动比例更加敏感，税务机关会针对企业的纳税情况进行评估，调查一些企业税负率出现波动的原因。

（3）企业社保缴纳问题。多地相继实施了"社保入税"，在各部门大数据联网的情况下，企业的一举一动都被纳入监管系统。随着金税四期的上线，不论是税务还是工商、社保等非业务都在联网系统中，数据保持动态统一，试用期不缴社保、社保挂靠或代缴社保等行为都是行不通的。

（4）企业虚假开户问题。税务机关可以通过企业信息联网核查系统对银行、非银行支付机构等参与机构企业相关人员手机实名信息、企业纳税状态、企业登记注册信息等重要信息进行核实，多维度地核查企业的真实性，了解企业的经营状况，识别企业是否有开户资格。

（5）企业利润问题。侧重关注企业报送的资产负债表与利润表勾稽关系是否有出入；利润表中的利润总额与企业所得税申报表中的利润总额是否有出入；企业常年亏损却屹立不倒，或者对比同行业利润率异常等问题。

企业税务合规是一个系统化的过程，并非一蹴而就，也非单枪匹马便能做到，需要企业结合自身情况、参考相关要求来制定自己的税务合规战略和体系，这样才能有效实施企业税务合规战略，维持企业生产经营活动的良好运作。

## 第二节　识别和评估企业税务合规

税务合规是企业合规的重点内容之一，但如何识别和评估税务是否合规，大家也还在摸着石头过河。企业税务风险识别是有效防控税务合规风险的前提，评估是强化企业内部税务风险自查自纠的能力体现，本节将从识别和评估两个方面来探讨企业税务合规管理体系维度。

## 识别企业税务合规

### (一)确定交易环节识别

确定交易才会产生应税行为,才会有后面的记账与报税,而且贯彻整个过程。确定交易一般采用合同方式,合同是业务开展的起点,也是约束合作对象的手段,尤其在开展大宗贸易时,如果缺少明确规定的合同文件,会让税务机关怀疑交易的商业合理性,进而怀疑交易的真实性。因此,确定交易环节识别税务合规风险主要是通过审查合同来识别。

例如,A 企业于 9 月 1 日从 B 企业处购买了一批货物,并于 9 月 3 日销售给 C 企业。但是 A、B 企业之间一直未签订合同,直到 10 月底结算货款时才补签了一个合同,因而税务机关检查时对 A、B 企业之间的交易真实性产生怀疑,认为存在捏造合同、资金走账以及虚开发票的可能性。

合同的性质、主体、价款、支付方式、发票等条款以及后面合同具体履行情况直接关系到税种、纳税主体、计税依据等,如果处理不当,就会引发税务风险。因此,合同须妥善保存,在税务稽查时,合同资料也是重要的业务资料。

### (二)会计核算记账环节识别

确定合同交易性质、种类等具体情况后,合同双方主体就要履行合同,产生真正的应税行为。会计则需要根据合同履行过程中的各种凭证按照会计准则核算记账。一般情况下,以合同交易为主的采购、生产、销售、运输、员工以及纳税等各方面经营情况都会完整地体现在会计账册中。

由于税务资料较多、数据庞杂,很容易出错,例如 A 企业因管理发票资料不善,被税务机关处罚 1000 元。发票是非常重要的税务资料,税务机关通过核查企业发票的收与开,可以掌握企业的基本情况,而企业财务部门应加强对发票的管理,留存好相关业务资料。

企业人员不仅要掌握各种税务合规风险知识,更需要通过会计资料迅速提升后面的预防税务风险的能力,在此环节识别税务合规风险工作量较大,周期较长,特别考验识别税务合规风险的效率和水平。

### （三）申报纳税环节识别

在确定具体交易并进行相应会计处理后，要通过申报纳税才能产生最终具体的税款金额，这直接影响国家的税收利益。申报纳税涉及申报纳税义务发生时间、纳税期限、纳税地点等，若不符合税法规定，就会引发税务合规风险。

例如，A企业是一家软件开发企业，2022年公司因研发费用未达到软件开发企业认定的标准（占企业营业收入总额的比例不低于6%）而享受软件开发企业所得税优惠，少缴纳税款，被税务机关认定为属于"虚假的纳税申报"行为，被追缴税款、滞纳金并处以罚款。

虽然国家实施了一系列税收优惠政策，但某些政策具有一定的复杂性，若企业不符合政策标准而使用了该政策，便会产生税务风险。据此，企业应当加强税务人员业务的培训和学习，妥善、准确利用税收优惠政策，必要时应积极联系税务机关，沟通相关政策的适用情况。

综上所述，以上三个环节均可能会引发税务合规风险，需要分别去识别，但三个环节并不是孤立存在的，而是一个完整的流程，相互之间存在紧密联系，识别一个环节的税务合规风险时不能顾此失彼。

## 评估企业税务合规

### （一）企业税务合规评估标准

2022年12月9日，北京市海淀区人民检察院、北京市海淀区工商联合会共同发布《危害税收征管犯罪涉案企业合规整改指南》，这算是一份具有官方性质的税务合规指南。该指南虽然针对的是启动第三方机制的、涉嫌危害税收征管罪的涉案企业合规整改效果评价，但企业可以参照其中的"合规整改评价"，对企业税务合规的评估具有一定的指导意义。

大中型企业针对税务合规建立了专项的预防、识别、评估机制，具体可参考以下标准。

（1）设立税务专员。税务专员应熟知各项税收法律法规，负责就相关税务问题与财务总监及时沟通，对重大政策的变化应提出合理的税收筹划和可行性方案，若有重大涉税业务、涉税风险或税务检查，应及时向上级报告。

（2）建立财税档案管理制度。妥善保管生产经营期间会计凭证、会计账簿、财务会计报告、所有税务证件、申报软件、IC卡、储存盘、纳税申报表、审计报告、税务批复、税法文件等资料，且会计信息真实有效，不存在"假账""两套账"的情况。

（3）建立税务合规审查制度。每月由合规部门对合同、发票、货物及资金流向进行审查监督，确保企业经营符合我国税务管理制度的规定。

（4）建立完善的发票管理制度。依据《中华人民共和国发票管理办法》《中华人民共和国发票管理办法实施细则》等有关规定对发票进行有效管控，对所有业务均开具符合国家标准的发票或凭证，并如实进行申报，确保开具发票与实际经营业务情况相符。

（5）建立财税风险预警机制。对于市场交易及合作中可能存在的财税风险设立预警标准，同时对合作对象进行风险筛查，避免企业因合作对象违法违规陷入风险。

（6）能够开展有效的财税合规培训，并对税务管理制度进行全面贯彻宣讲，企业决策层及管理层、财务管理人员、相关业务人员对于税收征管知识有充分的理解，对违反税收征管法律、政策的后果有清晰的认识，树立较强的税务风险防范意识。

（7）形成企业税务合规文化，制定企业合规员工手册，能够定期开展企业合规培训，确保企业员工已经明确树立合规意识。

（8）根据企业具体情况，全面梳理与企业经营活动有关的财税法律法规和准则，主动识别、控制其经营活动的合规风险，编制税务合规风险清单，并可根据清单内容在生产经营过程中查找、识别风险事件。

（9）保存有关合规风险评估和应对合规风险措施的文件信息。在整改期内，已在第三方组织等监管人监督下对未发现的问题进行统一审查，且整改期后仍然能够依照上述文件对相关风险继续进行审查。

（10）建立税务举报机制。对企业在生产经营活动中存在的税务违法违规情况，根据一定的途径和步骤向合规部门报告，并对举报者进行保护和奖励,举报由无利益冲突的合规专员进行独立调查,并将调查结果和处理建议向决策层进行汇报、记录。

(11)建立税务合规审计机制。定期聘请独立专业外部机构对企业进行税务专项审计。同时,定期聘请独立法律外部机构对企业进行税务规章制度体检,确保企业税务制度及时更新。

(12)完善问责与惩戒机制。对违反企业合规义务、政策、流程和程序的人员(包括决策层、各级管理人员和普通员工)采取适当的纪律处分,如训诫、警告、降级、降职、调离、解雇、向执法部门报告违法情况等。

(13)建立合规报告制度。合规部门要保证合规专项报告信息的准确性、完整性和可验证性,确保决策层及时了解并采取预防、纠正和补救措施。

(14)建立持续改进机制。税务专项合规制度实施期间,合规部门针对企业外部法律和政策的调整、企业内部制度、执行问题带来的合规风险等进行定期审查,并向决策层汇报,及时修正,确保合规制度合法有效。

小微型企业的合规管理规范、合规组织体系、预防机制、识别机制、应对机制可参照大中型企业标准予以适当调整,对小微型企业的合规评价,重点参照以下标准。

(1)对自身商业模式开展论证,审查企业盈利方式与税收征管的关系,确保运营模式合法合规,并在第三方组织的监督、指导下形成专项论证报告。

(2)建立财税档案管理制度。妥善保管生产经营期间会计凭证、会计账簿、财务会计报告、所有税务证件、申报软件、IC卡、储存盘、纳税申报表、审计报告、税务批复、税法文件等资料,且会计信息真实有效,不存在"假账""两套账"的情况。

(3)建立财务制度。根据企业的规模大小,应当建立专门的财务部门或者聘请专门的财务人员,或委托专门的代理记账机构负责,同时确保财务人员具备相应的专业资质和专业能力,并有适当的文件化信息证明。

(4)建立税务合规审查制度。每月由合规官对合同、发票、货物及资金流向进行审查监督,确保企业经营符合我国税务管理制度的规定。

（5）建立完善的发票管理制度。依据国家有关制度规定对发票进行有效管控，所有业务均开具符合国家标准的发票或凭证，并如实进行申报，开具发票与实际经营业务情况相符。

（6）编制税务合规风险清单，并可根据清单内容在生产经营过程中查找、识别风险事件。

（7）形成企业合规文化，设立企业合规宣传栏，宣传企业合规理念和合规要求。

（8）定期开展企业合规培训，确保企业所有员工已经明确树立合规意识。

（9）建立合规报告制度。财务人员及合规官要定期就财务、税务是否合规向决策层或者管理者汇报，形成专门的报告，汇报过程经决策层或管理者签字记录，确保决策层及时了解财务和税务合规情况并采取预防、纠正及补救措施。

（10）其他应当参照大中型企业评价标准的事项。

（二）企业税务合规具体评估重点

（1）企业是否全额退缴违法所得并补缴涉案税款、滞纳金及罚款。

（2）企业是否真正履行了税务合规承诺，是否有隐匿或者故意销毁任何财务凭证、账本、报告等文件或电子文档的行为，是否在没有真实业务或交易的情况下开具、收取、报支增值税专用发票及增值税普通发票等发票。

（3）企业是否属于正常经营状态。

（4）企业是否有真实交易，包括但不限于：

①进/销清单是否与实际进/销货物金额、数量、品名一致。

②购货发票、货物及其相关的物流运输单、入库单、资金、合同是否匹配或具有合理性。

③生产是否真实、是否有委托加工；销货品目与数量是否与进货匹配或具有合理性。

④销售货物的实际提货人及销货发票的实际领受人是否为购货单位人员。

（5）企业是否建立了合同管理制度，合同是否建立了登记台账。

（6）企业是否建立了库存商品管理台账，销售记录是否建立了登记台账。

（7）企业是否建立了发票管理制度，发票使用是否建立了登记台账，发票是否由专人管理，是否在财务人员之外设立专门岗位监督发票使用情况。

（8）发票、合同、实物、资金是否相互一致。

（9）出口企业是否建立了退税审核管理制度，是否做到发票、合同、报关单、收汇凭证登记建账，并开展合法合规检查。

（10）企业是否对专门人员建立了检查制度及检举制度，专门人员是否开展了专门检查工作，工作记录是否完整。

（11）企业是否加强了对财务管理人员的教育和培训。财务人员能否严格审核交易票据，发现票据内容与真实交易不符的，能否及时查明原因，督促整改。

## 第三节　税务合规的应对策略

在"互联网+税务"的背景下，企业也迫切需要加强对税务合规的事前、事中、事后管理，警惕开票及用票的合规性，如发票的抬头信息是否准确、商品明细是否符合企业报销要求、发票真伪检查等。上述这些企业关于数电票的痛点问题该如何应对呢？

下文将从企业管理层和财务人员两个方面来阐述数电票针对税务合规的应对策略。

**应对策略——企业管理层**

（一）摒弃老旧观念，培养合规意识

某些企业的税务风险往往是由"一念之差"引发的，个别企业管理人因缺乏税务知识，在金税四期下仍抱有侥幸心理，导致进入税务误区，类似的错误观念有"如果被查到，可以找关系摆平""未开票就不需要纳税"等。

此外，企业应当加强对员工的税务合规培训，提高员工对税务合规重要性和紧迫性的认识。通过培训,企业可以帮助员工深入了解税法以及数电票的基本规定和操作要求,明确使用数电票的注意事项,并提供实际案例进行分析和讨论,帮助员工从开票开始逐渐掌握税务合规的原则和方法。

### (二)做好税务筹划,扎稳合规马步

如果是个人独资企业,因无须缴纳企业所得税,以赚取的利润为基数,仅缴纳个税中的"经营所得",利用税差降低税负,这一所谓的"税筹"方法虽在短期内帮助企业节省了税赋,却可能触碰了偷逃税款的红线。因此,要制定一套成熟正确的税务筹划方法,否则错误的筹划将会把企业引向深渊。

与此同时,需要根据企业的具体情况制定合规策略,涉及税务风险的预防和控制,包括合理规避或合法减免税、避免税务争议、降低税务成本等。在评估税务合规风险时,企业应当综合考虑税收法规和企业的实际情况,分析各项税务活动可能面临的潜在风险和影响,及时发现并解决问题。

### (三)完善税务咨询,升级数电票服务系统

善于利用税务咨询服务以及一些数电票专业服务系统为企业提供专业的税务规划和指导,帮助企业识别和避免税务合规风险。税务咨询服务具有丰富的税务知识和经验,可以根据企业的需求和情况,监督和指导企业在实施过程中的合规操作。

企业也需要建立自己的数字治税系统。企业数字治税系统具备五个重要特征,分别是信息集成、资源共享、业务协同、产业集中、基建完善,能够推进业务办理逐渐向便捷化、智能化转变,打造事前事中事后管理一条链和征纳互动、内外共治的税收生态圈。

总之,企业税务合规风险的防范需要从内部控制、员工培训、合规策略和税务咨询等方面进行综合考虑和落实。企业应当重视税务合规工作,及时调整和完善合规措施,确保企业在法律和财务层面的安全和可持续发展。

## 应对策略——财务人员

首先，数电票开具是"实时"的，不存在延时或离线开具等情况，因此注意税收商品服务编码一定要选对，若企业进项中没有该编码，而开具发票有该编码且差异较大，那么风险就会随之而来，红冲不及时，有虚开发票的嫌疑，并且税务局会问责。所以，企业开票人员在开票时，一定尽量开对，属于特定类型的发票，也一定要使用标签化开具。

其次，企业开具的销项票在一定时间必须同自身的进项发票相关联，比如一家生产企业的进项发票应是一些材料票、人工劳务费发票等，数电票全面实施后，云端大数据能够实现自动分析比对企业的各项数据，因此进销背离的企业是比较危险的，财务人员应尽量避免这种情况。

再次，"互联网+税务"将全面打通并获取企业经营阶段所有数据，包括银行流水信息、企业上下游的信息，以企业为维度，综合分析比对企业的各项数据，在大数据分析模式下，企业隐藏的收入或虚列的成本将很容易被发现。所以，财务人员可以逐步引导企业转变经营思路，积极地进行规范化运营。

复次，在系统实现自动归集企业的账务信息后，发票重复入账的企业，一定是税务局重点关注的对象，所以入账需谨慎。另外，对开发票、环开发票一直是税务局关注的重点，但之前存在滞后性，数电票全面实施后，对开、环开的风险疑点将得到实时的监控，方便企业监管，因此要避免这类发票开具。

最后，发票合规性监测应当基于企业发票数据和申报数据，自动扫描风险，提前预警发票异常、报表填写异常，并提供应对专家咨询服务，帮企业将风险扼杀在税务局数据筛查前。同时提供上游供应商和下游客户税务、司法、经营风险监控，避免上游企业异常导致的发票、合作风险，避免下游企业异常回款风险，让财务人员无后顾之忧，避免因工作疏忽给企业带来风险。

综上所述，以企业为维度的进销发票实时监控，对于进销背离的企业能做到实时监控,虚开发票监控由事后变为事中,通过大数据的筛查以及各种风险疑点,在企业事中开票时自动判别虚开疑点,限制企业开票。数电票系统不仅可实现自动算税,系统自动算税高于企业实际申报的税款时,将会出现风险疑点,系统还能根据发票等其他数据形成税务局后台的账,通过综合比对企业的票、账、表、税,及时发现企业的风险疑点,或者通过企业之间或行业之间的数据比对,及时发现经营不合规的企业等。

## 第四节　数电票在税务合规中的作用

数电票是在金税四期大背景下应运而生的"新事物",目前数电票试点工作方兴未艾,作为一种现代化的票据管理方式,具有提高工作效率、降低管理成本、提高财务管理水平等优势。随着相关政策和技术的不断更新和完善,数电票的应用将会越来越广泛,为企业的发展提供更好的支持和服务,例如在降低税务合规风险方面,通过数电票管理可以避免因票据管理不规范而引起的税务纠纷和罚款,有效降低企业的税务风险。本节,我们将一起深入了解数电票对税务合规的重要意义。

### 从事后打击向事前事中精准防范转变

传统的税控发票用时多、处理慢、效率低,还有易丢失和易篡改的缺点,并且一些小微企业和部分商家可能因为发票领购麻烦而选择不开具发票或拒绝开具发票,那么税务局就无法对其实时监管,容易造成税收流失。

相较于传统税控发票,数电票自开具便实现数字化,以信息技术为载体,以电子发票服务平台税务数字账户的形式展示,包含了一连串的交易信息和财务信息,企业的各项业务单据、财务单据均可以在税务局端查询和追踪。税务局充分利用了大数据作用,依托税务网络可信身份对发票开具、使用等全环节即时验证和监控,实现对虚开偷漏税等违法犯罪行为事后惩处转变为事前事中精准防范。

实现了事前事中精准防范后,不仅留出了充分识别税务风险的空间,而且帮助企业对发票数据进行实时记录和查询，提高发票管理的效率和准确性，从而推动税务管理模式向精细化发展，提升业务流转的速度，提高企业的运转效率，利用企业集成高效的管理模式进行"反哺"，企业的税务合规自然也得到了有效的治理。

## 从单方向的财务指标监管深入业务端

数电票时代，金税四期系统丰富了指标监控，增加了非税性质的业务监管，系统可自动穿透上下游企业，自动抓取数据，来分析业务逻辑的真实性，同时联合税务、银行、社保、公安等多部门数据，实现数据共享共查，可以说企业在税务局面前是透明的。发票虚开风险管理过程如图7-1所示。

| 风险管理项/<br>管理阶段 | 开票前 | 发票开具 | | 开票后 | |
| --- | --- | --- | --- | --- | --- |
| | 待开票数据获取 | 单据处理 | 发票开具 | 发票上传 | 统计分析 |
| 数据合规校验 | 1. 税号校验；<br>2. 商品税率校验；<br>3. 税收分类编码校验；<br>4. 发票限额校验 | 1. 税号校验；<br>2. 商品税率校验；<br>3. 税收分类编码校验；<br>4. 发票限额校验 | 1. 税号校验；<br>2. 商品税率校验；<br>3. 税收分类编码校验；<br>4. 发票限额校验 | | |
| 发票完整校验 | 发票字段校验 | 1. 发票字段校验；<br>2. 发票附加要素校验 | 1. 发票字段校验；<br>2. 发票附加要素校验 | | |
| 业务链条校验 | 1. 上游证据链校验；<br>2. 上游单据校验 | 1. 上游证据链校验；<br>2. 上游单据校验 | 1. 上游证据链校验；<br>2. 上游单据校验 | | 1. 下游证据链校验；<br>2. 下游单据校验 |
| 授信校验 | 授信预测 | 授信预测 | 1. 授信额度校验；<br>2. 授信预测 | 授信预测 | 授信预测 |
| 税控安全校验 | 1. 税控离线预警；<br>2. 数电离线预警 | 1. 税控离线预警；<br>2. 数电离线预警 | 1. 税控离线预警；<br>2. 数电离线预警 | 1. 税电离线预警；<br>2. 数电离线预警；<br>3. 数电发票上传预警；<br>4. 税控验签预警 | |
| 自定义校验 | 1. 自定义限额预警；<br>2. 优惠政策预警 | 1. 自定义限额预警；<br>2. 优惠政策预警 | 1. 自定义限额预警；<br>2. 优惠政策预警；<br>3. 特殊票种预警 | | 1. 财务指标校验；<br>2. 优惠指标校验；<br>3. 业务指标校验 |

图7-1 发票虚开风险管理过程

由图7-1我们可以看到，税务局对于发票虚开风险管理贯穿税收管理的全过程，横向从开票前、发票开具中到开具后，涉及待开票数据获取、单据处理、发票开具、发票上传、统计分析阶段；纵向涉及数据合规校验、发票完整校验、业务链条校验、授信校验、税控安全校验和自定义校验。

随着税收大数据的深层次应用，各级税务机关以发票虚开风险管理为导向，建立各类风险监测指标并依托大数据分析，对触及风险阈值的纳税人采取相应级别的应对措施，如此一来，一旦企业有任何异常的风吹草动，税务局将第一时间对企业进行管控。

因此，一则可以倒逼企业开展税务筹划和建立完善的财税管理制度，以达到税务合规的目标，使财务部门充分结合税收政策和会计准则，开展税务筹划工作，仔细核实以降低企业税负和风险。二则确保企业税务数据的准确性、安全性和规范性，不断优化和完善，适应企业税务数字化发展的需要。

## 智慧票税数字化挖掘合规深层次管控需求

在传统的税控向数电票的过渡期，企业可能涉及多种开票模式和系统，这对企业的发票内控管理、风险管理提出了更高的要求。例如标普云数票通通过梳理完整的发票流程、挖掘深层次管控需求，前置化监控处理发票风险，利用发票数据服务纳税申报，助力企业实现智慧票税数字化全面升级。

（一）进项发票管理：自定义合规校验更安心

数票通进项发票管理集发票收集、验真验重、三单匹配、智能预勾选、电子存档和风险预警于一体，实现了从查验、入账、抵扣到存储等的全过程电子化管理。

数票通为企业提供发票自定义合规校验服务，企业可以针对不同组织的不同单据类型，制定合规校验方案，选择需要检验的发票类型、对应的发票特征等，达到字段级的风险合规管控。系统可对定制方案自动执行，对有风险的发票做出预警，并跟踪发票的异常处理结果，保证企业收票用票的合规管理。

（二）销项发票管理：开票前精准监测风险更省心

数票通为企业提供了多种开票方式，包括批量开票、桌牌开票、小票开票、ERP 直连开票、移动开票等，以满足企业在不同场景下的开票需求。

在动态风险监测方面,数票通帮助企业在开票前对"纳税人风险信息"和"纳税人基本信息"进行风控规则设置,如根据纳税人类型标签、开票方纳税人状态、风险纳税人类型、纳税人信用等级、预警级别等执行校验动作,并留据规则校验记录,与所开发票关联,通过开票前服务提醒和提示更正,实现事后查验向事前精准检测转变,有效降低企业发票开具风险。

此外,数票通还支持发票数据云端存储,多人实时异地共享数据,数据互通,有效防止重复开票,降低企业税务风险,保障企业收票用票的合规管理,让发票管理更省心、更智能。

在未来,数电票在企业中的应用将不断深入,对企业税务合规的影响力也更加显著,企业应紧跟"大部队"前进,促使数电票与税务合规之间相辅相成,从而"见微知著",于细节处取胜。

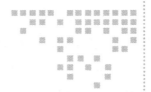

# 协助企业规避税务风险

第八章 CHAPTER 8

## 第一节 税务风险有哪些方面

企业的税务风险是指由于没有正确、有效地遵守税法规定,造成未来纳税的不确定性,导致企业遭受意外的经济损失、额外的成本损耗或者是信用形象被蒙尘。

税务风险主要分为两个方面:一是企业可能会由于涉税行为不合法而违规违法,从而面临补税、罚款、加收滞纳金、刑罚处罚以及声誉损害等风险;二是企业由于没有充分掌握相关税收的优惠政策,对其经营行为使用的税制不够准确,从而多缴纳了税款,承担了不必要的税收负担。

我们首先细化企业具体可能会面临的税收风险,风险来源有引发企业税务风险的内、外部原因以及与企业从事的各类经营、管理活动有关的情况。具体的企业税务风险框架见表 8-1。

表 8-1 企业税务风险框架

| 风险来源 | 一级分类 | 二级分类 |
| --- | --- | --- |
| 企业经营方面 | 涉税专业知识 | 1. 对企业税务风险的影响认识不足;<br>2. 对税收政策掌握不到位;<br>3. 对税收业务处理模糊;<br>4. 企业未进行税务筹划;<br>5. 税务筹划不合理;<br>6. 多缴纳税款 |

续表

| 风险来源 | 一级分类 | 二级分类 |
| --- | --- | --- |
| 企业经营方面 | 合规风险 | 1. 税务申报缴纳不及时；<br>2. 补缴税款；<br>3. 缴纳税款滞纳金；<br>4. 逃税漏税；<br>5. 受税务监管部门调查；<br>6. 因逃税漏税被吊销营业执照 |
| | 组织架构业务 | 1. 税务管理机构职责不明确；<br>2. 业务流程管理制度不完善；<br>3. 组织架构、业务流程发生重大改变 |
| | 企业特殊业务 | 以货抵债的债务重组风险 |
| 纳税种类 | 增值税 | 1. 处置固定资产少计提销项税金；<br>2. 处置施工设备等固定资产未缴增值税；<br>3. 特殊销售项目计税异常；<br>4. 免税销售收入与进项税额转出不匹配；<br>5. 特定业务增值税计算存在偏差；<br>6. 增值税税负率超出行业预警值范围；<br>7. 纳税检查调整额为负数 |
| | 企业所得税 | 1. 资产折旧、减值损失计提异常；<br>2. 广告费、差旅费、业务宣传费等占销售收入比例过高；<br>3. 人工费用占比异常；<br>4. 特定业务所得税计算存在偏差；<br>5. 销售毛利率与视同销售毛利率存在异常；<br>6. 营业收入与营业成本不匹配；<br>7. 所得税申报异常 |
| 发票方面 | 开具发票 | 1. 申报表未开具发票项填报出现负数；<br>2. 增值税附表未开具发票销售额为负；<br>3. 销项普通发票销售额与申报表销售额比对异常 |
| | 取回发票 | 1. 进项红字发票税额比对异常；<br>2. 未及时确认增值税应税收入；<br>3. 简易征收进项税金转出测算值与申报值的差异偏大；<br>4. 进项认证相符的税额申报异常 |
| 财务方面 | 盈利方面 | 1. 其他应收款大额挂账；<br>2. 预收账款变动率与主营业务收入变动率的弹性系数异常；<br>3. 其他应付款净增加额与主营业务收入配比异常；<br>4. 存货年末余额较年初余额增长率异常 |

续表

| 风险来源 | 一级分类 | 二级分类 |
|---|---|---|
| 财务方面 | 运营方面 | 1. 存货变动率与应收账款变动率比；<br>2. 营业收入与现金流量表工资比；<br>3. 年收入与实收资本占比异常 |
| | 其他方面 | 1. 以成本测算收入与主营业务收入的差异率异常；<br>2. 主营业务收入与"测算收入"差异率异常 |

通过企业税务风险框架梳理，我们可以针对可能出现税务风险的事项方面进行初步判断。

如果是经营人员的涉税知识欠缺，一方面引进专业人士进行针对性的问题分析并且接触风险；另一方面加强管理，对涉税业务员工进行培训，提供信息共享的平台等。如果是税种问题，企业可以细化对于税种的管理分类，对涉及的业务板块进行重新审视与归责，对照最新的税务政策匹配企业经营业务。

如果是发票方面出现异常，借助数电票和电子发票服务平台的功能对相应发票进行信息处理，或者向税务机关整理申报，修改企业估值等。

在实际经营过程中，企业产生税务风险的原因有很多，包括但不限于：用单线的企业管理取代税务管理；用情理观念代替税务管理；企业税务观念更新落后于税收征管的进步；企业的制度缺失；企业决策者在决策时对于税务风险的研究不足，造成无意识少缴或者多缴。

除此之外，企业中底层员工税务意识和税务能力没有提升到位也会产生税务风险：由于税务规定烦琐且更新较快，企业财务人员难以把握税务规定的准确性造成了信息滞后；在一些生产经营流程中由于失误导致了潜在税务风险；无法把握企业经营的销售情况和销售时间、地点等导致了潜在税务风险。

另外，当地的税务机构人员辅助工作没有到位也是一种原因，这就急需双方的互相监督。

企业可以就上述具体事项发生风险的概率进行赋值，量化分析企业经营管理、对外交易中涉税风险发生的可能性。这时候再通过税收无期限追踪制度以及法人问责制度对企业的财务战略重新进行判断，及时修正，避免不必要的税收负担，完善企业的财税管理。

## 第二节　数电票对财税管理的挑战

"以数治税"是金税四期政策推出的管理思路，利用数电票，税务总局通过加强发票管理来强化财务监督，对企业进行监督和控制。最新的政策能对企业纳税的行为做出约束——企业税务需要避免出现税收漏洞、及时对业务涉税部分应缴尽缴，同时提高了企业的税务管理质量。

税务机关要求做到"查税必查票""查账必查票""查案必查票"。对于企业来说，企业财税管理最基本、最重要的关注点就在于针对发票的管理。那么，在数电票时代，与普通的电子发票和纸质发票相比，智能化的票税管理到底会对企业的财税管理产生哪些影响呢？

### 企业财税管理内外环境

在企业运营过程中，嵌入企业的税务风险管理，对于确保企业管理合规来说是必要的，同时，排除财税的风险影响也是企业做出财税决策的关键基础。

实施企业税务风险管理的对应策略，与企业内的风险管理系统结合在一起是非常重要的。对应的策略一方面包括了管理企业税务风险的职能组织重构、资源分配方面以及沟通的机制转变；另一方面也需要结合数字化的管理工具，结合第五章的内容，企业可以有机配合使用，以达成预期的管理成果。

（一）警惕企业税务风险环境

首先明确企业税务风险的环境，相关的经济形势与产业政策是最大的方向。企业需要关注适用经营活动内容的法律法规和监管要求，结合税收法规或者地方性法规形成企业内部的财税相关制度。

同时需要关注产业市场的竞争和融资环境，与对手企业形成良性监督或合作关系。对于中大型企业来说，如果处于行业领军地位，那么就要做好带头作用，同时可以无形之中进行行业惯例的引导。对小微型企业来说，特别是初创几年的新公司，应先摸清行业规律，要学会变通，不固执己见做行业逆行者，谨慎对待可能出现的风险问题，不盲目跟风。

关于企业上级或者股东的越权或违规行为，通过对我国最新财税制度的解读，企业执行层面应该明确什么是正确的态度和应对方式，不能相互打掩护、纵容、隐瞒。要知道，"覆巢之下岂有完卵"。

总结梳理一下，企业税务风险环境的信息基本包括：

（1）税收政策法规；

（2）行政执法；

（3）国家总体经济形势和产业政策；

（4）市场竞争环境和融资环境；

（5）企业主要的外部利益相关者及其对行政法律法规等的遵从情况；

（6）与企业税务风险及管理相关的其他信息；

（7）由于跨区域经营而存在的地区环境政策差异。

（二）掌握企业内部风险状态

当我们参考企业内部税务风险管理的信息时，会更加自主、可控一些，比如企业可以自行制定内部相关的税务制度，并且对业务执行成果进行评价，同时参考企业税务风险管理的历史与现状做出相应的转变，根据企业风险状况进行补充和及时调整。

结合企业经营者的税务规划思路与其对于企业税务风险的态度，企业管理者可以制定相应的税务管理制度，参考企业的经营理念与发展战略进行灵活变通。比如，在具体经营业务方面，可以预设经营范围的扩大和缩小范围，针对企业可能出现的发票增值税类型和标准做出纳税策略的相应改变准备。

对于企业内部管理，要注意建立组织架构与业务流程的规范，比如按照数电票的智能平台功能，结合企业管理数字化工具，设定业务负责人。不但要推动与监督财税业务的正常运转，连接跨部门之间的沟通与合作，当后续出现税务风险未及时被识别的情况时，还要精准及时地完成事件回溯、问题追责与风险补救。

关于企业内部的基础信息管理情况、财务状况、经营成果、监督机制的有效性，都需要企业在管理过程中明确具体职责。比如，当企业管理层面产生变动时如何做到信息转移，如何进行职权的转交与责任的划归，需要完成什么流程的交付与保证。

假设当企业需要选择监督财税业务标准化与规范性的管理人员时，我们就需要考虑回避原则，从事相关业务的员工不允许进入监督队伍，保证在整体管控上做到不偏不倚。同时参考地方与国家的相关标准，结合整个企业的一致标准对财税数据进行全面审查。

有时候，对于企业内部的监管可能会受到业务权限层级的限制，但是我们可以把企业税务管理的监督专员看成古时的钦差，他们被授予特殊使命，在实际执行任务过程中不属于企业架构组织体系的任何一级管理，而是在监管期间拥有绝对的掌控与调动权利，按照不输于政府稽查的严格程度进行排查与审视。

平时，企业也可以结合数字化管理理念与数字化工具完成企业全量涉税数据的常规自检，通过可视化智能系统展现风险评估的实时状态，将涉税风险的管控与报告提前，做到有效的税务风险快速反应与环环相扣的税务管理。

另外，在重大项目开启之前完成例行检查，也是内部管理要设置的固定流程。

当企业内部管理完善并且严格按照税制来制定实施政策时，再想投机取巧，其实是非常困难的。不仅是投入的人力和资源成本，更是账不对票的实际结果。因此，对于企业来说，数电票与金税四期政策与其说是对财税管理发起了挑战，不如说是为企业搭建了一个更加完整、明亮的运行舞台，给予企业充分的幕后支撑。

我们最后再总结一下，企业税务内部风险管理的基本信息包括：

（1）经营者税务规划及其对企业税务风险的态度；

（2）企业经营理念与发展战略；

(3)组织架构与业务流程;
(4)企业税务风险管理机制的设计与执行;
(5)企业监督机制有效性。

## 保证企业统一的数据管理

在数字化时代,企业关于业务、财务和税务数据的统一问题实际上是可以直接借助智能系统自行完成的。以往的企业财税数据信息化转变只能替代企业完成记录和计算的功能,而数字化的转型则协助企业完成了业务数据与财税数据的连接与整合分析,还能够提供个性化的数据分析报告。

但是,这里需要注意的是,企业应该建立起连接税务风险管理的信息与沟通机制,明确税务相关信息的收集与传递步骤,确保税务信息在不重不漏的情况下与企业经营中的业务和财务信息相对应,保证沟通的及时顺畅,在发现问题时能够及时采取方法应对。

同时,企业应该与税务机关和其他涉税单位保持有效的沟通,在税法政策和电子发票服务平台有所更新和变动的时候及时参考,汇编入公司内部的财税适用制度,并定期更新企业自用的智能系统,结合数电票的开具和使用最新要求,及时融入财税部门员工的日常业务规范中。

公司税务风险管理的信息系统,一定会注重数据的记录、收集、处理、传递和保存,在对数据进行一系列的处理过程中最好保证全程符合税法和税务风险控制的要求。这样在日后需要进行税务稽查或反馈年度税务情况时能确保准确,不会出现需要重新比对失误的情形。

金税四期政策和数电票相关的严格要求不仅是对企业经营财税数据的正规维护,也在保障企业员工个人所得税与社会福利。如果发现企业在为员工缴纳五险一金时没有按照规定的范围和标准完成税前扣除等问题,可以及时进行修正。同时在员工进行报销申请时,企业能够对发票进行查验和归集,避免出现重复使用或发票无效的情况。

数据的统一管理不仅能够保证企业的规范经营,还能够管控企业的社会信用与市场口碑。数电票带来的企业管理思路转变是有目共睹的。

## 明确企业财税筹划方案

我们所提的企业税务筹划不是为了刻意避税或者少缴税,而是为了不使企业多缴税。通过对国家税收政策的深入解读和运营,结合企业运营实际情况,最大限度地为企业节省税额,同时保证企业能够有充分的理由缴清税款,不出现违法违规的纳税行为或者不纳税的行为。

金税四期政策下,数电票的存在实际上能够保证国家对于企业的情况是有具体登记和大概规划总览的,不会出现企业存在于社会中实现盈利活动,却不存在于财政部以及相关税务机关的档案中。

企业的税务筹划是一个长周期、宏观视角的决策,不是一种简单可以复制的技术,因此,我们只能制定事前的纳税方案,一旦产生了企业的纳税义务,就要依法纳税。

### (一)梳理税务筹划流程,建立基本运转思路

税务筹划的流程可以分成以下四个步骤。

> **步骤梳理**
>
> 【收集信息】—【目标分析】—【方案设计与选择】—【方案实施与反馈】。

信息收集步骤结合数电票与智能平台的数据一体化,相信企业可以做到充分完善的汇总。在此基础上,还要注意一些企业注册地点等税务信息的前提信息收集。

一般情况下,目标分析得出的结论大都是相同的,即不多缴纳税款、不提前缴纳税款,为企业降低纳税成本、增收合规情况下延迟纳税所带来的好处。

在制定具体的筹划方案之前,企业首先需要对自身进行全面的评估,了解涉税会计处理、税种、近两年的纳税情况、纳税失误与症结、税收违法记录、税企关系等信息。从企业的长远利益和价值最大化的角度出

发,制定最佳的纳税场景与模式。

应对风险管理就要考虑在一定时期和环境下,如何将企业税务风险降到最低,并能够获取超过一般筹划所节约的税收收益;应对成本筹划主要考虑,如何在一定时期和环境条件下,通过多重筹划方式的组合将缴税成本降到最低,同时降低企业税务的整体风险。

最后,企业还需要按照周期监控筹划方案的实施情况,完成跟踪与反馈,以此对税务筹划方案进行及时修正与差异分析。通过对成本与收益的相对分析,完成税务筹划方案的绩效评估分析。

### (二)筹谋税务筹划策略,量身制定纳税方案

针对不同的企业和涉税的具体情况,税务筹划的方法多种多样,是可以很灵活的。税务筹划的专家能够从成千上万种筹划案例中归纳出基本的思路和策略。企业针对税务的筹划管理关键是要看懂构成税收制度的要素有哪些,再针对不同的要素制定不同的策略。

**1. 明确纳税义务主体**

一个税种的征收行为是由纳税人与征税对象两个方面确定的。不同的税种税负不同,不同税种的纳税人与征税对象互有交叉。如果企业的纳税人自身条件与税法规定的不一致,就可以规避此项税种的纳税义务。

比如,企业登记注册的是有限责任公司、一人有限责任公司、股份制有限公司,在出现公司盈利后,首先需要按照25%的税率缴纳企业所得税(这里没有多考虑小微型企业的优惠政策,以及特殊地区的优惠政策),然后按照"利息、股息、红利所得"应税项目缴纳个人所得税,税率为20%。

如果企业注册的是个人独资企业、个体工商户,那么公司出现盈利之后,只需要缴纳经营所得的个人所得税,按照《中华人民共和国个人所得税法》的规定,个体工商户、个人独资企业的生产、经营所得最低税率按5%计算,最高税率为35%。

**2. 税负转嫁策略**

税负转嫁是指企业纳税人可以将自己应缴纳的税款通过多种途径和

方式转由他人负责的方式，使纳税人和实际负税人不同。税负转嫁有两种方式，一种是通过交易活动获得销售价格，企业可以在定价的时候，将税款加入产品价格，转嫁给购买者或者消费者。我国大部分商品基本采用这种方式定价。

另一种是通过压低供应商的采购价格，将已经缴纳的税款转嫁给货物、劳务的供给者。税负价格与企业成本相互抵消，最终目的是减少所纳税款。

企业还可以将上述两种方式同时应用于生产和营销的各个过程中。

### 3. 适用相应低税率方案

税基是各种税额的计税依据，会直接影响纳税人的应纳税额。如果企业的税基确定，应纳税额就取决于税率，我国的主要税种大部分是多档次税率、优惠税率。因此，企业可以借助智能平台，结合数电票的登记和使用数据，套用最新政策的低税率计算模型，计算出最大限度利用低税率的纳税方案。

### 4. 周全安排纳税时间

借鉴国外的纳税理念——不多缴纳一分钱，也不早缴纳一分钱。许多税种的纳税义务时间是可以供企业在一段时期内自由选择的，在不逾期的前提下，企业可以将纳税时间尽可能安排延迟，以获得更多的资金周转时间与经营收取利益的时间。

### 5. 灵活利用优惠政策

利用优惠政策进行税务筹划，其实是国家不断推出降税政策的目的。这时候就需要企业财税人员及时掌握税收政策的变化，及时调整经营战略，通过变动经营决策来适用政策时效与税种等的范围。这时候企业可以尽可能创造条件利用税收优惠政策。

## 第三节 数电票和纳税人的安全隐私

在全面推进企业数字化转型的过程中，相信每个创业者都担忧和质疑过自己的业务信息安全与企业关键技术隐私问题。

实际上，这个问题是身处大数据时代的我们每天都在经历的，我们不断地利用手机号绑定账号、设置偏好密码、同意一个个软件的信息授权，可能还会在线下一些需要填写身份信息的情况下刻意模糊处理手机号的某两位或者社交账号的某几位。回想一下，我们到底是不是既依赖大数据，又讨厌大数据如此了解自己的偏好呢？

我们先来看一看数电票涉及企业的哪些数据信息。

## 法律法规保护数电票数据安全

作为针对全国纳税人的税务管理介质，数电票所代表的可不仅仅是一张发票。它兼具了交易凭证和记账凭证的功能。因此，它能够记录借由合同或者口头完成的交易过程、双方交易时间和交易内容、双方交易金额等信息。购买方与销售方企业或者个人信息也能够通过统一社会信用代码/纳税人识别号完成对应。同时在电子凭证上还会出现更多针对数电票使用状态的标记等。

在企业进行税务管理时，也会通过税务制度约束涉税资料的整理与保管行为，利用数电票的便利性，完成票账对应的归档工作。

让我们回顾最初的那个问题，企业管理者是否既依赖数电票进行经营业务的收集处理便捷性，又担心自己的企业在国家税务机关面前毫无保留呢？实际上，这不是一个相互影响的问题，企业管理者创业初期的目标并不是躲开政府的监管，而是创收，同时完成自己的事业目标。

在这样的前提之下，数电票机制和数据化工具协助企业管理者完成了降本增效、扩大企业规模与营业范围等更多、更有意义的目标。相比之下，数据安全并不是暴露在了极端不安全、不稳定的环境之下，国家和税务机关所制定的相关法规，是在保护全国大中小型企业没有后顾之忧，勇敢地进行业务经营与整体发展，同时国家能够更具指向性地监管与扶持有能力、有野心的企业走出国门，在更大的国际舞台上发展。

## 智能技术维护财税平台数据安全

无论是单纯使用电子税务局的电子发票服务平台,还是申请税企直连等更加贯通的财税服务平台,甚至使用免费或者付费的第三方财税服务系统,企业在经营运转的过程中总会产生行动数据与票税数据,这些数据会被智能平台自动分解、存储、分析传输等。

企业因此对数据安全与隐私产生担忧是非常正常的,在对国家推出的平台拥有本能的信任的前提下,也无法接受第三方智能平台对企业的所有信息留有透视眼。

不过,在互联网运行公约之下,在公网首先会制定传输协议,进行数据传输加密是最基本的操作。同时我们可以参考日常经营活动过程,比如我们会相信银行不会泄露企业相关的交易信息与流水,银行的保密措施也会涉及经济隐私,但在合规合法的情况下,它没有理由泄露数据给任何人。

当人们做出了违法违规行为需要被追查的时候,数据作为佐证也必定不会被隐瞒。这也是国家财税部门给全国各企业的信任与挑战。

另外,企业本身也会对经营效果进行取舍。比如,一些大型企业比较注重公司机密的保护,同时拥有开发企业智能系统的资源与成本,可以选择自行制定适应数电票与金税四期政策的智能平台来服务企业经营活动,在应对新型税收政策的同时最大限度地保障企业数据与隐私安全。

而对于一些没有经营成本、开发成本的中小型企业来说,适用金税四期政策与数电票的财税政策完成企业降本增效的目标,顺应数字化的转型,可能要经历一些取舍,这里舍掉的可能是节省人力等企业成本,也可能是促进盈利的措施。当企业面临的降低成本最直观的措施是引入数字化工具时,保障数据安全的程度和级别事实上是允许适当被降低的。

不过我们要知道,企业降低了对数据安全的要求,并不是迫使企业"裸奔"在市场上任人观察,而只是一种轻装上阵的选择,企业想要跑得快、跑得远,就不能负重奔跑。

## 第四节　数电票税务风险防控体系

企业的税务风险管理是一个循环往复的过程，会经历"风险定义—风险识别—风险监控—风险提示—风险分析—风险防范"的规范化流程。我们可以按照上述闭环的风险管理思路建立税务管理体系，将风险管理理念和方法与企业的税务、业务、财务和运转流程相互融合，持续优化改进，提升企业全面健康税务管理的质量。

**企业需要闭环的风险管理思路**

首先我们拆解这六步基本的风险管理环节。

> **步骤梳理**
>
> 【风险定义】—【风险识别】—【风险监控】—【风险提示】—【风险分析】—【风险防范】。

（一）风险定义

什么是税务风险？结合表 8-1，我们可以针对企业经营选取对应税务指标，求精不求多。按照企业的业务梳理涉税风险点，着重利用通用指标、行业指标以及自身原有的指标，同时结合数字化的复合指标、联动指标等，对风险进行概括和综览。

（二）风险识别

企业可以结合自身历史的数据运算和预测企业将面对的税务风险口径，其中范围不能过于宽泛，也不能过于精确，要有所留白。就像我们在砌砖、铺地板的时候要留有缝隙，以适应气候、环境的变化一样，企业对风险的识别也要适应市场与总体形势的变化，这样才能最大限度地对企业税务风险进行识别。

（三）风险监控

从企业第一次进入这一环节开始，企业的税务风险管理就进入了常态化。我们要跟踪税务管理程序的运行，并且持续识别新的风险范围。风险监控的反馈能够帮助企业制定新的税务风险管理战略，并且建立有效的风险防范措施。

（四）风险提示

利用数字化的工具，我们可以汇总企业的整体税务信息与涉税数据，集合汇总后为企业管理者提供分析结果，及时进行风险提示。在此过程中要特别完善事前与事中的风险提示，以节约企业安排和处理相关税务风险问题的反应时间。

（五）风险分析

企业可以借助税务专业人才与数字化的工具，对税务管理流程中的风险点、纳税核算问题以及业务、财务与税务登记汇总对应不统一、处理有异等情况进行提示，针对异常情况可能造成的失误和带来的稽查风险进行统计分析。不仅分析风险来由，同时分析企业应该如何缓解和处理，还可以进行延伸分析，审视风险管理环节是否出现异常、企业运转业务管理是否需要优化等。

（六）风险防范

基于风险分析，建立风险防范控制体系，这一步是整个闭环风险管理思路的另一个常态化环节。企业可以从基础日常的工作事项中进行程序化的管理，避免潜在的税务风险；在进行战略性经营会议时，可以调阅风险分析结论与风险防范现状作为评估会议经营结论的重要指标；在进行企业重大决策时，可以提前评估现在的企业税务风险以及相应的企业运营应对方案。

## 融合闭环思路建立起税务风险管理体系

（一）明确税务风险管理的合规、避险目标

制定企业税务风险管理的制度，来确保企业合法经营、诚信纳税、防范和降低企业税务管理的风险，同时根据《税收征收管理法》和《税收征收管理法实施细则》等国家相关法律法规及企业财务管理制度的规定，首先制定出企业的税务风险管理制度。

明确税务风险管理目标的第一项就是：企业所有的税务规划活动均应具有合理的商业目的，企业的经营决策和日常经营活动应当考虑税收因素的影响，并符合税法规定。

同时包括多项涉税事项的具体管理目标，例如，企业的纳税申报、款项缴纳等日常税务工作事项，税务登记、账簿凭证管理、税务档案管理，以及税务资料的准备和报备等，都应该符合相应税法和企业财税管理制度的规定。

如果设立了分公司或下属公司、联营公司等，应该同时制定一致的税务风险管理目标，避免各公司执行起来出现偏差。

（二）明确经营业务各环节的职责与相应负责人

企业可以根据经营特点、内部税务风险管理的要求，结合数电票与金税四期税务政策的相关要求，设立税务管理部门与相应管理和业务岗位，明确岗位的职责与权限。目前我国大部分企业税务管理部门是与财务部门合并的，但是应该在明确税务管理目标的基础上，逐渐理解设立税务管理部门的必要性和与财务部门进行权责划分的必要性。

企业应该建立科学有效的职责分工和制衡机制，确保税务管理的不兼容岗位相互分立、制约、监督。同时保证相应管理人员具备专业资质和良好的职业素养，遵纪守法，人品正直。可以进行周期性的涉税专业培训，不断提高监督部门人员的业务素质与职业道德水平。

大概梳理税务管理的职责如下：

（1）制定和完善企业的税务管理目标与税务管理制度；

(2)参与企业战略规划与重大决策的税务影响分析，提供税务风险管理角度的建议；

(3)组织实施企业税务风险管理的各环节例行与突发会议，日常监测税务风险，建立风险应对机制，参与税务风险相应的应对举措实施；

(4)建立税务风险管理的监督与改进机制；

(5)组织企业内部税务知识培训，并向企业其他部门提供税务咨询；

(6)承担或协助相关部门开展纳税申报、税款缴纳、账簿凭证和其他涉税资料的准备和保管工作。

## （三）建立健全的风险应对机制

企业税务管理部门应该全面、系统、持续地收集内外部相关信息。结合企业经营实际情况，持续通过风险识别、风险分析、风险防范等环节，排查企业经营活动及其业务流程中的税务风险，分析和描述风险发生的可能性和条件。

通过上述步骤，税务管理部门继而评价出税务风险对企业实现税务管理目标的影响程度，按照企业规定形成周期性文稿，给出确定风险管理的优先顺序和策略的建议。

企业能够按照税务风险的评估结果，考虑风险管理的成本和效益，在整体管理控制体系之内，确定税务风险应对策略，同时建立有效的内部控制机制、设计合理的流程及控制办法。

当风险产生时，企业应当根据风险产生的原因和条件安排对应责任人进行分析，再从组织架构、业务流程、职权分配和监督检查等多个方面建立着重关注点，根据不同的风险特征采取人工投入或者数字系统投入的控制机制，缓解并解除相应的税务风险。同时根据风险发生的规律和重大程度建立预防性与甄别性控制机制。

## （四）完善闭环的监督与改进机制

企业税务管理部门应该实时跟踪内外部企业税务风险环境的变化，及时监督和检查企业管理机制与流程的运行状况，对现行风险管理机制的有效性进行评估审核，根据发现的问题对税务风险管理制度和流程持续改进和优化。同时企业内部应当根据企业的整体控制目标，对税务风险管理机制的有效性进行评价。

另外，对于未能遵守税务管理制度，给企业造成损失的相应责任人，制定出相应的处罚机制。依据企业损失的金额大小对有关部门和直接责任人员进行相应惩罚。对于更严重的违规违法情况必要时追究相应责任，例如，触犯法律的行为可以交由相关部门追究其法律责任。

税务风险管理与监督的机制实际上是对于企业税务风险闭环思路的强化，持续的机制完善加上不断地对偏差进行调整，才能确保企业税务风险管理的充分性、适用性与高效性。

# 实现企业税务管理持续优化

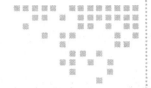

第九章 CHAPTER 9

## 第一节 税务流程改进与自动化

企业的税务优化是在合规合法的前提之下,按照税收政策法规的导向,事前选择税收利益最大化的纳税方案,来处理生产经营和投资、理财活动的一种企业管理行为,以实现合法税务利益最大化。

在第 8 章中,我们已经了解了规避税务风险的方式,交代了部分税务筹划的技巧。事实上,税务筹划是一种需要大量计算与判断的企业管理方式,并不是每一个企业都需要进行完整税务筹划,很多时候企业需要的只是在现有的财税管理模式之上完成税务管理的改进与转型。

在数电票时代,为了使各形态企业都能够聚焦企业的税务常态化运转,我国推行了许多政策改革,同时引导办税流程持续优化。企业的税务管理也在金税三期到金税四期的政策变化之下进行了很多优化,能够在结合税务自动化的基础上,推动税务管理的发展。

### 税收政策法规日臻完善

(一)税收流程不断朝自动化方向改变

除了减少相关数据的填报,改为默认数据自动填充,同时优化线上办税体验,税务机关还推出了"非居民跨境双语办税""新办智能开业试点""简易确认式申报试点""优良信用者试行按需开票"四个创新服务场景。

关于退税业务办理,也有出口退税无纸化"非接触式"办理,特别是在经历了新冠肺炎疫情之后,所有出口企业的退税申报都可以在网上完成办理,不仅避免了面对面办税可能造成的疫情传播,而且可以沿用下来,整体提升退税办理的速度。

另外,税务机关将办理出口退税的时间缩短了近一半,这些流程改进都体现出了税务管理优化对于提升管理效率的作用。

### (二)税务底层分析逐渐成为常态

税务机关可以借助电子税务局,承载地方税收业务的大部分工作量。还可以借助智能化平台建立压力测试常态、加强基础环境监控,周期性安排系统状况分析,同时在重大不确定与复杂业务上的处理发挥重要作用。

运用税收数据可以精准定位逃避税问题多发的行业、地区和人群,通过识别隐瞒收入、虚列成本、转移利润,以及利用税收洼地、"阴阳合同"、关联交易等逃避税行为,打击涉税违法的企业犯罪行为。

### (三)税率简并优化与政策改革

我国实行多档税率并行的税制,许多行业存在一项交易同时适应多档税率的问题。以情况比较突出的快递服务行业为例,快递服务是由收件、分拣、运输、派送等多个连续业务环节共同构成的一项整体服务,但是由于增值税存在多档税率,需要分别将每笔订单拆分为交通运输服务与物流辅助服务两种业务,分别适用9%与6%的税率。

我国的快递企业业务量巨大,如果对每一笔订单都进行税率拆分,企业甚至可能需要花费50元的成本去拆分价值10元的订单,特别是不同企业在不同地区征管执行也存在差异,这样一来,会带给整个快递行业很大的竞争压力与不确定性,无法营造良好的营商环境。

增值税作为国际上公认中性最强的一个税种,只有在税率一致的情况下,其核心要素环环抵扣的公平税负效果才最明显。因为税率完全一样,销项税减掉进项税,才是比较平等的税负,中性作用也最明显。多档税率容易造成不公平,也会人为增加很多复杂因素。

在实践中,国家也一直在不断解决纳税矛盾分歧,而现在我们的方向一直没有变,那就是持续推进增值税改革,优化税制结构,分析简并、优化税率与税收优惠的举措。

## 企业博采众长优化税务方案

通过对于企业税收数据的分析可以发现,大中型企业纳税额高、业务交易量大、上下游伙伴多,相应的企业税务管理工作也更加复杂。虽然小微型企业类似问题出现较少,但同样会产生一些复杂的税务管理工作。无论企业规模如何,我们都可以从经营理念、管理制度、信息系统等方面整体推进、主动变革,改进税务管理,增加企业效能。

(一)遵从税法,将宏观税制思路融入企业发展理念

在企业文化上,倡导遵纪守法、诚信纳税的经营理念,培养起从决策层到管理层再到基层员工、各职能部门依法纳税的意识;在企业运转治理上,强化决策层与管理层对税务风险的防范和控制,培养考虑到符合税收法律法规和税负成本的具体情况的决策意识;在企业对外合作上,将供应商、客户等的纳税信用情况视为合作的重要评价因素,提升产业链上下游合作企业的税法遵从度。

通过税法维护企业与合作企业的税务理念,借助数字化的票据管理集成到企业财税系统中,通过内置的纳税规则与核对功能进行风险监测和数据校验。及时了解税制变更动向,并及时采取修正或者调整的措施。

(二)与"实"俱进,建立一体化税务制度

建立企业财税一体化的税务管理制度体系。具体做法可以参考如下。

一是研究企业业务项目所对应的税务法律法规,建立企业适用的税收政策库,至少每季度或者每半年汇总更新,及时掌握最新政策导向,严格遵循税收法律法规开展税收管理和筹划工作。借助财税软件的税务

模块，自动生成税务申请表，自动计算企业相关各项税款，与财务数据关联对比，同时提升报税的准确度。

二是强化业务涉及财税方面的管理，梳理分析当前企业主要业务的涉税风险点，明确规范业务涉税的处理方式，完善相应的企业内控机制。对新业务、新模式，关联交易，重大资产转让、重大资金支付、重大合同签订，公司新设、合并、分立及重要经营等活动加强涉税监控，深入业务前端去参与制定或审核涉税事项的实施方案，同时严谨防范重大税务风险。

三是优化风险评估机制，建立常态化、流程化的税务风险评估制度，至少每年测试企业的税务人员素质，检查税务系统运行的有效性、税务制度的完整度、日常或者重点税务动作规范性等情况。企业管理层应该专门查阅风险评估报告，并根据风险程度明确相关责任人，督促风险应对措施落实。

（三）审时度势，促使企业税务系统效率螺旋式上升

国家的税收征管改革能够倒逼企业做出提升税务管理的行为。企业应对新的税收政策做出数字化、自动化、智能化的税务管理转变。

一是建立税务管理系统并进行周度或月度维护升级，建立起进销项一体化的发票服务平台，严格限制非发票类业务报账，实现发票全业务数字化改造。

二是运用大数据等技术，提高税务风险防范能力。

及时统计税负率水平，分析税基变动的合理性，特别关注关联交易定价对总体税负的影响、税收优惠政策的运用等。

加强申报数据的稽核比对，同类业务项目在方案审批、合同约定、发票开具、会计核算、资金支付、税务处理、报表披露等环节都应该确保一致。

建立预警机制，建立供应商"黑名单"、客户"黄名单"、常规业务"白名单"等数据库，提示业务和财务人员加强对业务真实性、发票规范性、财税处理准确性的审核与复核操作。

三是固化税务内控要求，提高业务管理效率。

构建业务、财务、税务一体化的智能信息系统，在业务产生数据的初期就融合涉税管理同步处理涉税问题，提高整体业务和管理的效率。

比如，在销售系统中固化税目、税率、纳税期间等信息；在费用报账系统中固化支出属性、合规发票类型、发票审核要求等；在研发项目管理系统中固化项目属性、是否具有创新性、是否取得专利或成果、有无科委备案合同等。

## 第二节　税务效率提升与成本控制

数电票的应用与企业的经营息息相关，不仅能够帮助企业节省交易成本，还能够在交易流程与反馈过程中节省纸张、人力、存储等资源，优化交易效果。除了经营环节，数电票在商业环节也能帮助企业针对客户进行深入了解、定位市场。

### 除旧布新，提升企业经营效率

借助数字技术的智慧功能，企业能够深度挖掘发票数据信息，形成对客户的精准画像，通过存量的历史发票信息建立起客户行为数据库，分析客户在本企业以及友商或者竞对商的消费频次、购买产品种类、历史购买数量、购买单价等信息，总结优质客户群特征，同时完成对关键目标客户的精准定位。

数电票还可以将发票中记录的交易信息与企业的内外部数据进行关联，比如将往期发票中涵盖的历次采购信息与对应收款流水数据联动起来，分析客户的付款周期，进而挖掘出数据中蕴含的客户行为模式及信用特征，捕捉历史交易行为和信用表现的相关性，为客户信用评价模型的构建提供数据基础。

在企业实际运用数电票的过程中，不同的业务方向会对数电票产生不同的运用诉求。方便保存、降低成本、随时提供查询服务这些都是最基本的诉求。而对于高端制造企业更关心业务链条的安全性，希望对供应链全过程针对性保密；对于部分军工等更高级别的保密单位，还可以在数电票中运用区块链或者加密技术，加强发票信息的安全保障。

另外，国家还向企业推出了许多纳税"精细"服务，例如，精准对接地方重点建设项目，量身定制涉税服务，让政策红利直达市场主体；对接企业进行税务人员上门辅导等，按照"从快、从简、从优"的原则为大项目提供快速办理渠道；建立大企业涉税服务内部机制、大企业定点联系工作小组、大企业涉税管理与服务联动机制，为大企业发展和大项目建设开辟畅通、高效的绿色通道。

税务局还在深化部门协同、加强税企对话等方面综合发力，与企业智能管理系统直连，推动乐企等数字平台，精准对接服务，供企业完成财税高效管理。

## 修旧利废，节省企业经营成本

国家推出了许多优惠政策，帮助企业多方面降低经营成本与纳税成本。包括24小时在线电子发票服务，通过数据共享减少企业重复报送数据，企业税费事项实现网上办理、全国通办，证明事项容缺办理等服务举措，帮助企业及时享受优惠政策。

由于许多工业经济需要平稳地发展，服务业领域等困难行业不断下滑，国家发展改革委、税务总局等部门又出台多项政策促进工业经济平稳增长，推动税惠红利"精准滴灌"包括外贸小企业在内的中小微市场主体。同时推出优惠政策帮助外贸企业稳市场、保订单，切实为市场主体降低成本。

企业的税收成本包括在税收征收管理过程中所耗费的人力、物力和财力的总和。很多情况下，企业会由于不熟悉税务政策而缴纳过高的税款，或者是因为想节省税款而进行违法避税，最后被惩罚补缴更多的税款。

实际上，灵活运用国家的税收政策，不仅能帮助企业建立合法且优惠的纳税方案，还能够通过对于企业财税数据的宏观掌握调整经营结构节省经营开支。重点是，利用数电票等数字化工具来树立税务优化的意识。

首先要树立税收成本观念，建立企业税务规范、完整的核算体系。科学划分不同的税种，避免征收机构职能重叠，优化纳税机制，降低税务工作不必要的成本投入。

其次是培养提升纳税效率的意识，从决策人的角度看，主要是进行税务管理改革，简化流程完善运转机制，充分应用现代数字化税务手段，提升企业税务人才的业务水平。

最后，还要合理地设置税务监管，结合第三方税务工具，必要时请教税务专业人士测评当前企业的税务全貌，挖掘财税数据所展现的弊端和潜在的风险项。任何可疑点都可能会成为造成大坝倾倒的一个蚁穴，我们的任务就是在此之前排查整座大坝是否存在隐患。

## 第三节　业票财税一体化建设与发展

在财务人员的圈子中一直流传着这样一句话："末流会计做假账，一流会计修城墙。"假账通常是会计人员闭门造车，只在财务核算环节作假，而业务部门的数据都是真实的。假的终究是假的，做得再好，都不可能变成真的。因此，假账有一个非常致命的弱点，经不起推敲，只要拿假账与业务部门的数据一核对，假账就会原形毕露。税务人员将财务数据与业务数据一核对，就可以发现问题所在。

利用数电票的功能特征，企业开始进行财税数字化的建设，通过打造业票财税一体化的数字管理平台，赋能企业财税管理新升级，无论是经营效率还是纳税效率都得到了较大的提升，同时，做假账的可能性也大大降低。

### 企业业票财税一体化运用场景

当前数字化已经赋能了发票开票、收票、管理、归集、风控全流程，实现了整个流程的高度自动化，提升了人效的同时在很大程度上保障了企业票税合规，且连接了财务数据与业务数据，是业财一体化的重要桥梁。

企业业务包括 CRM、SRM、ERP、合同管理、PO 管理、商品管理以及 OA 管理等，通过整合数字化系统处理，形成数字化的业票财税一体化管理平台。平台包括数据分析模型、销项管理模块、进项管理模块、协同管理模块、税务管理模块、档案管理模块、数据分析模块、数据风控中心、用户中心、税务基础支持中心，以及底层的税控服务器、税控盘等税控设备、金税四期税企直连以及金税四期数字账户等模块，再将处理的数据传送至财务共享中心（图 9-1）。

图 9-1　企业业票财税一体化管理平台

通过业票财税一体化管理平台，总体帮助企业实现受票即协同、采集即合规、报销即入账、入账即归档、入池即数据、平台即"账户"等一系列自动化流程。

（一）进项发票管理场景

自动化处理进项发票，首先是票据的采集及合规确认，对进项发票进行认证、识别、查验，之后导入进项发票池。

除此之外，能够完成发票入账、发票勾选认证以及台账和报表管理、发票风险监控等一系列进项发票管理操作。

关联的企业业务系统有 ERP 系统、SRM 系统、报销系统、采购系统以及结算系统；对接局端系统分别有电子底账库、发票查验平台、电子发票服务平台以及发票综合服务平台（图 9-2）。

实现企业税务管理持续优化  第九章

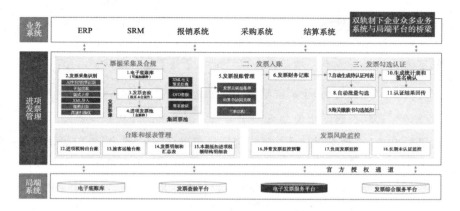

图 9-2　进项发票管理场景

## （二）销项发票开具场景

结合企业内部的业务系统，建立销项发票平台。首先从系统接口获取交易流水，随后完成流水单处理并提交开票申请，这时候结合数电引擎完成发票开具，同时上传电子税务局（图 9-3）。

图 9-3　销项发票开具场景

这里可以注意一下，已经开具的发票可以导入销项发票池，同时完善发票数据统计等管理步骤。客户所提起的开票请求，要与业务系统联合起来，同时记录客户数据与商品数据。

销项发票管理数字化联通税务局和企业两端,不仅推动了业务治理,更保障了税务合规。销项发票管理数字化极大地提升了全流程效率,降低了人力与耗材成本,规范化开票管理并降低了税务风险。

### (三)供应链协同管理场景

首先,结合数字决策与金融服务完善供应链协同数字化管理。一方面借助 SRM 平台与供应商沟通,包括订单确认、发货、结算单确认、银行电子回单等状态的同步与沟通;另一方面借助分销渠道/订货平台完成与客户的沟通,包括下单、收货确认、对账、自动开票、查验、银行电子回单等状态的运转与同步(图9-4)。

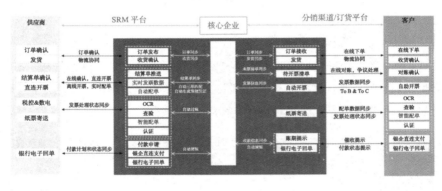

**图 9-4 供应链协同管理场景**

其次,结合在线运行模式与离线系统相协同,在线状态下能够完成自动配单,收发票100%确认,支持与税控系统平台的联合,自动实现数据同步;离线状态下虽然不能完成实时配单,但是可以通过二次确认和手动配单完成业务运转,借助邮件、短信、微信等其他通信模式推送连接失败消息,保证相应数据不被遗漏。

基于企业和供应商双方业务从开票、交付、收票的数字化发票协同管理提升了两端的连接效率。发票作为供应链协同中的刚需环节关联了多种信息,以发票协同为出发点能够很好地实现从订单到结算的全链路信息协同,提升整个供应链效率。

## （四）自动纳税申报场景

利用智能管理平台链接业务系统、财税系统，自动采集涉税数据，税金自动计算，然后自动生成申报表。向税务局进行申请与扣款，然后对照税金任务工单完成系统财务核算，同时将回执进行归档（图9-5）。这里需要注意的是，有时候一些涉及跨部门数据需要进行手工录入，如合同数据、销售数据、房屋土地数据等。

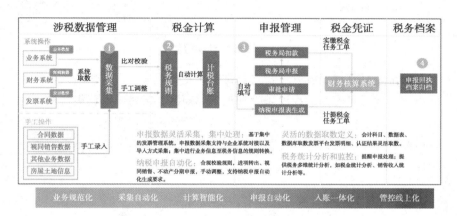

图9-5　自动纳税申报场景

那么，我们需要进行集效率、合规和洞察于一体的税务管理：统一数据管理，使税务数据合规可控；规范税务工作处理流程，保障业财税信息一致性，实现税务风险的前置化处理；实现税务部门的职能转型，从数据加工者转变成为数据使用者、分析者。

## （五）税务风险管控场景

建立税务风险管理框架，首先建立数据统一标准，保障数据源集成准确；其次定义指标阈值，参照指标套用合适模型，进行风险过滤；最后针对风险疑点进行清册，形成整体风险评估报告，针对风险报告分析调整方向降低税务风险，提升税务管理水平（图9-6）。

税务风险管理框架具备金税三期/四期系统内部监控的部分核心指标，同时辅以财务指标、发票指标、经营指标等，形成强大的指标体系；

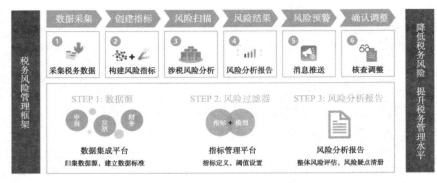

图 9-6 税务风险管控场景

可根据企业自身情况及行业特点,自定义设置风险指标及风险阈值;依据行业、地区维度分别设置风险管理指标阈值,使风险阈值更具有针对性;一键评估税务风险,提前掌握集团内部各主体税务风险,同时可查看指标状态及风险提示;针对识别的税务风险进行风险应对,形成风控闭环管理,同时生成税务风险报告。

(六)电子档案录入场景

实现会计档案从采集到整理进行保管利用到最后完成档案销毁的全生命周期闭环管理,实现会计凭证、会计账簿、财务报告等企业会计档案的体系化归档和在线化全面管理。在档案利用流程中,加强借阅管理与移交权限管理,同时划定出现销毁清册与重建时需要的情况与责任认定(图 9-7)。

| 采 档案采集 | 制 档案整理 | 存 档案保管 | 用 档案利用 | 销 档案销毁 |
|---|---|---|---|---|
| 电子档案 | 纸质档案 | 档案利用 | 档案管理 | 档案统计 |
| 数据归集<br>档案整理<br>档案组卷<br>档案归档<br>版式签名 | 纸质扫描<br>库房管理<br>档案装盒<br>下架转移<br>借出归还 | 档案查询<br>全文检索<br>安全阅览<br>档案借阅<br>借阅管理 | 档案移交<br>销鉴定单<br>重划期限<br>档案销毁<br>销毁清册 | 归档统计<br>借阅统计<br>库房统计<br>销毁统计<br>档案报表 |

图 9-7 电子档案录入场景

将财务资料集进行自动匹配，无论是业务系统、资金系统还是报销系统与供应链协同等系统，对最后过账财务进行归档审定，完善电子会计档案与全业务流程的数据档案，匹配财务与税务相关政策，完成企业的财税工作。

（七）掌舵智能决策场景

依托数字化票据中心的业务单据，收集整理基础数据，为企业提供交易级的决策分析支持，提升企业资产价值（图9-8）。

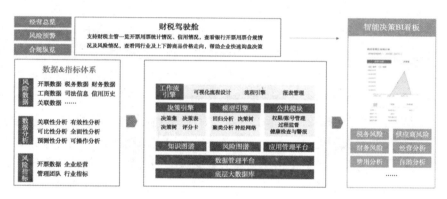

图 9-8　掌舵智能决策场景

基于集团视角和企业视角，实时生成各个板块、各个维度数据报表和数据看板，供集团对各分/子公司的发票数据进行统计与分析。同时基于发票数据的统计分析，为集团提供经营趋势预测。

## 业财融合发展之路

通过上述业票财税一体化场景的梳理，我们能够发现，企业对于先进技术运用的追求逐渐从流程优化转向更加丰富的数据应用。

但是当我们抬头仰望丰富的前沿科技愿景时，在企业进行实践的过程中也发现了诸多问题。例如，企业应该如何透视数据价值？应该如何运用数据探索商业创新？又应该如何基于"业财融合"驱动财税价值的创造？这些发展诉求都逐渐摆在了行业领头人的面前。

上海智能财务研究院院长刘勤主张："业财融合的强弱取决于两者间流程和组织的共享程度，业财融合的持续性则依赖强大的数据中台和稳定的系统后台支撑。"业财融合的成效不仅与企业业务流程的规范化与颗粒度相关，还与智能技术的融合与发展相关。

### （一）数字化技术撑出强有力的发展骨架

现代市场的经济运行中，市场经济主体间的交易大多依赖合同往来，但实践发现，很多企业经营管理的风险在合同签订的时候就已经埋下了。当出现重大经营损失时，回头审视才发现风险都隐藏在一个个的合同细节中。因此，企业的法务工作与合同审核工作非常重要。

企业的合同运营管理特别要注意将每一份合同与企业业务经营联系起来，考虑是否能服务于企业的战略目标。

早在2014年财政部就指出需要"有机融合业务与财务活动"，而数字化时代的到来，更要求企业的业务决策与财务战略制定协同合作。数字化的技术为业财融合提供了强有力的支撑。通过数智化技术的支持，财务可以更准确地分析财务数据，发现潜在的风险和机会，为企业提供有力的决策支持。

企业推进业财融合发展，首先要在内部梳理战略理念，让企业人员知道，业财融合是对企业发展长远有利的。随后逐步打通业务数据和财务数据，统一二者数据标准，精准规定数据颗粒度，投入一定成本的资源，在相关数据中台发力。

### （二）财务有机融入业务，为业务运转注入血肉

业财流程融合是业财融合的起点，财务共享中心建设则是众多大型企业着手进行财务数智化创新的入场券。原本庞杂的企业业务流程，可以在数据中心的标准化转型推动下重新确立，智能系统也为业财融合新技术提供了一个广阔的天地。企业还能够通过SaaS等服务或者工具完成财务共享技术的提升。

在智能平台的衔接下，企业得以与业务散装处理、财务归类记录、

财报支撑经营的孤岛经营模式告别,迈入未来企业全价值链流程、业财融合互通的新地界。无论是资金到控制、研发到量产、采购到付款,还是销售到收款等场景,都可以逐步实现数据采集与传播、大数据技术与 AI 算法助力决策等。

企业本身就是一艘多功能的巨舰,业务流程全面升级,财务融合进业务整体流程之中,这种理念一旦建立,企业将不再畏惧单独出海面临的未知危险,而是与财务精诚协作抵御大风大浪,探寻新大陆。

(三)培养应对变化的韧性,令企业具有发展的底气

"数据"携带着企业经营的海量 DNA,流淌在其发展的各个环节中。企业经营数据来源于业务的同时反哺业务,而业财数据的融合,支撑着企业战略发展与经营决策。通过智能技术,建立精细、多维、实时的数据底座,经营数据通常流转在企业经营的全环节,同时能够形成事前预测、事中控制、事后分析的业财数据链。

如此深度的业财融合,不仅能够支撑企业进行数字化场景预测,还能够实现企业决策的评估与诊断,进行里程碑式的跟踪,同步预警风险点协助运算出决策转变方向,等等。健康的循环运转能够推动企业稳步朝着高质量方向发展。

企业之所以能够在市场无形变化之中拥有冷静的洞察力与深刻的远见,归功于数字化的工具与团结一致的生产、销售、管理各部门人才,它们是企业应对变化的韧性和底气。

面对市场经济快速变革和竞争激烈的商业环境,在智能技术的推动下,融合业财发展是企业的必然选择,在这种情况下,被重构的行业与企业发展未来已经展现在我们眼前。我们需要做的就是恰逢其时地把握业财融合的重点,基于流程融合、数据融合,在"业财融合"的基础之上,逐步开启众多发展新场景,推动企业发展与价值创造。

# 数电票税务管理案例分析

第十章 CHAPTER 10

## 第一节 税务管理实践经验分享

税务管理不是简单地利用技术或大数据更新软件系统,而是在此基础上通过管理制度等创新,实现整个管理体系的变革。在寻求税务管理之道的过程中,一些企业或集团已经摸索成型,每家企业都有自己的特点,借鉴"先行者"的经验,希望能给读者带来一定的启发。

 **案例 1**

### 公司税务管理分"三步走"

A 公司是中国石油天然气股份有限公司下属的全资子公司,是国家控股特大型企业,主营业务为石油、天然气的勘探、开发,业务范围主要包括勘探开发、工程技术、工程建设、生产保障、装备制造等业务板块,具有较为完整的业务系统和综合一体化优势。

面对广泛的业务范围和复杂的组织架构,A 公司需要平衡公司总部与各子企业之间的税务管理,因此 A 公司根据自身实际情况实施"三步走"的税务管理模式,即建立健全规章制度、科学构建高效运行机制和加强税务风险防控。

A 公司财务部科长认为,做好企业税务管理工作,离不开健全的税务管理制度,为此A公司一方面在集团公司层面发布《纳税基础工作规范》,对日常的基础性税务管理工作提出明确标准,规范企业涉税行为;另一方面,A公司制定了《税收管理办法》《发票管理办法》等十余份规章制度,建立起涵盖全业务流程的税务管理体系。

在构建企业税务管理运行机制时,A公司总部侧重于政策研究、税企协调、决策支持等,而各分支机构负责政策执行、问题反馈,辅以相关部门协调等事项,形成了"统一管理、分层实施、分级负责"的税务管理模式,同时实现了"横向到边、纵向到底"的管理网络,确保税务管理工作高效运行。

A公司在加强税务风险防控方面,建立了税务风险自查互查监督体系,通过开展多种形式的税务风险监督检查,能够全面梳理业务流程的涉税事项,扫除税务管理的死角和盲点,形成税务风险事件库,协助企业预防和控制税务风险,降低经济损失和信誉影响。

"根之茂者其实遂,膏之沃者其光晔",只有在升级税务管理的道路上下足功夫,才能有一个显著的成效,从而建立或完善与企业相适应的税务管理体系。

 **案例 2**

### B集团有个"税收政策研究室"

B集团是我国白酒行业的龙头,成立于1951年,主要从事某种白酒及系列酒的生产与销售,员工万余人,拥有全资、控股和参股公司38家,公司是奢侈消费品的商业模式,涉足产业包括保健酒、证券、银行、文化旅游、教育、房地产等上下游产业,一直保持着高速发展,经营规模和领域不断扩展。

随着业务的扩张,B集团涉税事项也日益复杂,加上各大企业集团纷纷进行税务数字化转型,为了提高集团税务管理能力,B集团前期就设立了税收政策研究室,后期逐渐建立起了涵盖决策、管理、操作各层次,采购、生产销售各环节，事前、事中、事后全流程的税务风险管理体系。

B集团的税收政策研究室在重大事项做决策时进行了大量的研究，例如，面对公司合并问题时，在重组方式、组织架构以及是否更大程度享受增值税和企业所得税优惠方面进行分析，起到了事前参谋的作用。

另外，税收政策研究室也建立起了集团税务风险分析指标模型，包括生产、财务、税收三个层次20多项指标，能够在日常税务处理中根据国家税法及时纠偏，借助指标模型实时化解税务风险，相当于定期的"健康体检"，排查税收重大遗漏风险事项。

最后，在排查税务风险后，对其检查出的问题进行专题研究，分析问题产生原因，从体制、制度、机制层面"对症下药"。例如B集团对酒糟处理不到位，其中的处理费用与利用价值性价比极低，导致涉税处理不规范，经过税收政策研究室的分析研判，B集团针对类似问题，联合涉税专业服务机构和税务机关制定了涉及12个税种、62个风险点的处理文件，详细描述了每个风险点的基本特征、政策依据和应对措施等，避免"重蹈覆辙"。

成功的故事很少有精彩的翻版，每个企业税务管理的变革都是无法完全复制粘贴的，因此我们要学会"运用之妙，存乎一心"，善于思考其中的妙用之处，从中学习有用的东西，为自身企业"添砖加瓦"。

## 第二节　数电票在不同企业及行业的应用案例

### 数电票在企业升级化应用的成功案例分享（以标普云的数票通为例）

目前数电票已成为企业开发票的重要形式，利用大数据进行数字化转型也正在成为企业竞争的新焦点。标普云的数票通，是全国首家专注于数电票的服务系统，通过行业解决方案、AI赋能的SaaS云服务，结合自身在"智慧票税、数字赋能、智慧经营"领域的专业能力，提供可咨询、可落地的"数字化经营"产品树和服务。

本小节分享一些案例，帮助大家了解数票通如何推动企业财税融合，赋能企业数字化经营。

 **案例 1**

### 德商产投物业服务有限公司

德商产投物业服务有限公司成立于 2010 年，是德商控股集团的重要成员企业，经过十余年发展，于 2021 年 12 月 17 日正式在香港联合交易所主板挂牌上市。公司聚焦中西部核心城市，深耕成渝城市群，专注城市资产运营，致力于为用户提供愉悦生活体验，创造客户资产价值，成为领先的城市美好生活服务商。

**1. 难题分析**

公司的已收费订单需手工根据订单数据开具发票；未收费订单需要提前开票，还需收费后手工关联订单、备注栏需要手工填写物业信息等；进项票手工登录电子税务局勾选抵扣，工作量大；其报销票缺乏验真验重。

**2. 解决方案**

首先，数票通对接德商发票数据中台，获取待开票信息，自动判断所开具的发票购买方与数据中台保存的购买方是否一致，一致时自动开票，不一致时则审核开票。

其次，根据发票数量中台数据，自动带出备注信息，如项目名称、房号、收费期间等，保证开票规范，之后构建全量发票数据，归集集团全部进项发票，自动勾选认证。

最后，打通费控系统，凭员工号、手机号自动获取属于该员工的报销发票，发起报销流程后，推送至费控系统。

**3. 应用价值**

自动或审核开票，财务人员开票工作量降低 70%；自动带出备注信息，保证开票规范 100%；同时，智能预勾选，合理规划税筹，智能勾选减少人工操作 70%；推动报销无纸化、智能化。

德商产投服务合作全兼容发票管理系统，进行平滑升级，打破了企业内部的"数据孤岛"，又在外部实现数据自动交互，有助于全面提升企业和产业链运行效率，强化数字化运用与风控管理能力。

 **案例 2**

### 玛丝菲尔时尚集团

玛丝菲尔已成立 28 年，是一家集设计、制造、销售、品牌运营于一体的知名服装品牌厂商，目前在海内外开设了 700 多家门店，有员工共计 6000 多人，集团拥有 Marisfrolg、AUM、ZHUCHONGYUN 等多个品牌。

**1. 难题分析**

信息化现状仍使用自主研发的 ERP 系统，原发票系统不稳定，且不支持数电票，导致顾客对门店开票不满意、经常投诉；门店收银人员需手动进行开票，增加了门店工作量；交付方式单一，无法满足顾客多元化的发票交付诉求。

**2. 解决方案**

首先，数票通系统自动抓取 ERP 待开票数据，并直连电子税务局，实现订单一键开票处理，在支持数电票的同时兼顾传统增值税发票，其兼容性解决了原发票系统不稳定的问题。

其次，数票通可自动将门店号转换为销方信息，自动转换商品信息为税编，自动核对单价、尺码等，无须店员手动开票，减少了门店人员的工作环节以及工作量。

最后，系统支持邮箱、短信交付或支付宝/微信扫码下载到手机本地等多种交付方式，满足顾客多元化的交付诉求。

**3. 应用价值**

在"玛丝菲尔&标普云智慧票税云"项目实施后，全兼容（数电票）管理系统稳定性将提升至业内最高标准 99.99%，与税局接口稳定度保持

100%，助力玛丝菲尔线上线下交易一体化，开票流程人工操作从 5 步减少到 2 步，增效 60%，同时集团节约 20 个人力投入，此外平均每单节约 2 分钟开票时间，发票支付方式扩展 80%，最终实现降本增效看得见，赋能玛丝菲尔加速数字化经营。

## 案例 3

### 金龙机电股份有限公司

金龙机电股份有限公司成立于 1993 年，2009 年在深交所创业板上市。公司在消费电子零部件领域，主要从事马达、硅橡胶、塑胶结构件及触控显示产品的研发、生产及销售，产品可用于可穿戴设备、智能手机、智能家居、汽车等领域。

**1. 难题分析**

目前公司使用 SAP（Systems Applications and Products in Data Processing），但 SAP 无法推送开票，SAP 单据信息与开票信息不匹配，需人工对 SAP 单据信息处理后，再到开票软件手工开具，开票工作量大、效率低，其共享中心无法实现 10 余家分公司异地开票需求，无法集中管理。

**2. 解决方案**

首先，数票通系统自动抓取财务共享 SAP 待过账的开票数据，同时无缝衔接税局端，实现 SAP 单据一键开票处理，在支持数电票的同时兼顾传统增值税发票。

其次，借助数票通系统可根据 SAP 单据信息实现购方信息匹配、开票项映射、开票人按规则自动取值等智能单据处理，满足客户多样化开票需求。

最后，通过财务共享中心，可在共享中心集中开具发票，在数票通实现异地开票，即时交付。

### 3. 应用价值

打破了 SAP 与数票通的数据壁垒，一键完成发票开具，效率提升 80%，复杂开票需求自动处理，节省开票工作量 70%，除此之外，共享开票，异地开具打印，提高共享水平，便捷业务。

金龙机电股份有限公司以发票的全面数字化为契机，将此作为数字化经营的一个突破口，一方面通过数字发票大大简化了从开具到交付的流程，畅通采购、销售、财务、税务等多个环节，实现业财税票的融合；另一方面通过票税数据的集中处理，ERP、SRM、MES 以及财务和 OA 数据的整合，金龙机电股份有限公司已经初步搭建了属于自己的数据中台，为数字化经营分析以及未来的智能辅助决策系统打下良好的基础。

## 数电票在不同行业的应用案例（以标普云的数票通为例）

金税四期下，数电票加速了企业数字化经营，数电票的应用在不同行业已普遍存在，本小节通过分享标普云的数票通在制造、物业、成品油以及酒店四个行业的应用案例，帮助大家了解各行业的发票管理问题以及解决方案。

### 案例 1

制 造 行 业

#### 1. 制造行业常见场景及痛点

制造行业使用发票的常见场景主要有原材料采购、生产制造、成品库存管理以及销售与分销，其痛点有以下几点：

（1）管理多种类型的发票，每张发票需要不同的管理流程和标准，导致管理混乱和错误。

（2）海量的发票使系统割裂，包括采购原材料、销售等过程中产生的发票，导致管理工作的烦琐和复杂。

(3) 发票数据的处理艰难，客户对于开具的发票有更多的要求，如分批开具、备注信息等，大量的处理操作导致发票的风险增加。

(4) 对于发票的存储和检索，制造行业需要对大量的发票进行存储和检索，包括对历史发票的检索，需要一个高效的系统来进行管理和处理。

## 2. 产品应用及亮点

强控发票合规，降低税务风险；减少人工操作，提高员工工作效率；产品自定义配置，提高场景灵活性；标准对接打通数据流转，提升业务流转效率；自定义场景模板，降低企业开票成本。

综上所述，合规开票使税务风险降低 100%；开票自动化使服务成本降低 80%；无纸化管理使系统开销降低 30%；1.5s 支付+开票，提升业务效率 50%，自动化处理，减少财务人员 90% 的重复工作量。

### 案例 2

物 业 行 业

### 1. 物业行业常见场景及痛点

物业行业使用发票的常见场景主要有物业服务费、停车费、代收代付以及广告收入，痛点主要有以下几点：

(1) 集中开票难，物业开票需求量大且开票时间较为集中，传统开票模式容易出现开票金额、企业抬头等开票信息填写错误的情况。

(2) 资源耗费多，物业行业网点多、客户群体大（居民用户和企商户）、开票量大。纸质发票消耗较多，寄送成本较高。

(3) 经营成本高，物业服务人员上门收费场景下，收费和开票环节相对脱节，目前仍需人工配合统计，统计起来较为复杂，工作量大。

(4) 发票管理效率低，客户对票种需求多样，物业系统切换及各票种管理、归集、统计的工作量大。

(5) 账单状态管理难，账单的发票开具具有滞后性，企业不能及时知晓账单的开票、收款、申报状态，不利于核实公司经营业绩情况和缴纳税费的情况。

**2. 产品应用及亮点**

(1) 数字发票取消票面限额，开票额度根据企业税务合规情况进行动态调整。支持云抬头、智能赋码等，自动填充发票规格、附加信息备注等，规范税票开具，降低了税务风险。

(2) 多种开票交付方式，降低企业服务成本，提升客户满意度，支持多场景开票，客户可根据业务场景自行选择，让开票自助化、自动化，降低企业服务成本，例如生成开票扫码（动态码）开票、桌牌扫码（静态码）审核开票、小程序开票、微信公众号开票、单税号多点开票。

(3) 支持多种交付方式，如短信、邮件/卡包（支付宝、微信）、数字账户等，让交付更便利，满足客户多元收票需求，提升客户满意度。

(4) 无须专用税控设备，无须切换不同开票平台，联网登录即可开票，支持按照发票金额计税，自动生成凭证，打通业财票税各链条，助力企业在数字发票的大背景下实现全流程的数字化、智能化。

(5) 深度匹配物业业务场景，根据业务周期对客户、单元、房间组合进行合并开票，针对多租户场景批量进行发票申请、审批和开具。可以选择多个客户的多条应收或实收数据批量开票，还可以对同一客户所有房间的收费项合并开票。

(6) 快速对接业务、税务系统，实现账单、收款、开票、申报状态的统一管理。一是账单未开票收入申报状态联查；二是账单分期开票、收款、开票信息统计台账关联查询。

## 案例 3

### 成品油行业

**1. 成品油行业的痛点**

(1) 开票规范要求高，需手工选择正确商品税编、单位等。

(2) 开票量大，员工手工开票慢，费时费力，多开票员开票，需做权限控制、数据隔离。

（3）成品油消费税存在未按规定开具发票和虚开发票风险。

（4）无票销售未及时确认收入；开票数据、抵扣统计、库存汇总台账等管理不便。

**2. 产品应用及亮点**

数票通能够深度匹配成品油业务场景，一站式开票、用票管理，数电票全流程服务，助力油企发票管理高效便捷、精细合规。开票数据自动从 ERP 系统取值，拆分合并，降低财务人员 70% 的工作量；数据回写至业务系统，更新状态并自动过账，保障各系统间数据一致性；支持审核一键开票，满足集团开票管控诉求；多维度数据统计分析，一键生成数据看板和报表；成品油勾选、确认、凭证信息、库存台账等一站式管理；发票异常风险预警提醒。

 **案例 4**

## 酒 店 行 业

**1. 酒店行业的痛点**

（1）由于客户在退房高峰期时常需要排队才能办理好退房手续和拿到发票，客户排队等待开票，体验差。与此同时，纸质发票需打印，顾客离店后索要发票，需邮寄交付，发票打印邮寄成本高。

（2）酒店包含了住宿、餐饮、停车、会务等多种业务缴费场景，涉及不同类型业务系统，不同业务间的消费数据统计难度大，财务开票做账工作量大，多业务统计导致人工核算成本高。

（3）酒店前台手动输入发票信息，需录入购方全量开票信息及商品税编，使得开票效率低、易出错。除此之外，酒店的供应商系统庞大，采购种类多，对进项发票的管理要求高，进项发票管理难。

**2. 产品应用及亮点**

场景一：住宿开票

酒店可打印开票二维码，顾客扫描二维码进行发票开具；顾客通过酒店 App 或公众号预订酒店时，填写相关开票信息后提交订单，然后前台办理入住，等到离店时，可直接进入酒店 App 或微信公众号自助获取数电票。

场景二：停车开票

App/小程序开票：顾客停车后 App 或小程序完成自助停车缴费，通过车牌号关联订单的方式，填写开票信息开具发票。

扫码开票：顾客出停车场时，扫描二维码支付后，在支付页面点击开发票按钮，自助在线填写购方信息，开具发票。

全过程线上操作，开票自动化、自主化，无须专人值守；支持公司名称模糊搜索，自动匹配税号、地址等信息，顾客开票更简捷；自定义每个开票点开具发票类型权限，强控专票审核；开票完成自动发送到顾客邮箱。

# 展望篇

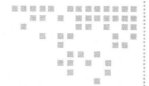

# 数电票给企业带来的机遇

第十一章 CHAPTER 11

## 第一节　深度挖掘数据价值

在数字时代，我国经济发展产生了许多新的变化，各行各业都在积极地进行数字化的尝试。从办公智能化、供应链数智化、财税管理智能化，到居家办公、无纸化办公、灵活就业，企业的生产方式与经营方式和职场业态都受到了数字化的深刻影响。

信息化数据的应用场景逐渐普及，它们在生产、管理、流通等全产业链中发挥着越来越重要的作用，数据已经成为继土地、劳动力、资本、技术之后的又一项关键生产要素。

数字经济带来的新变化也给基于传统经济建立的税收制度带来了多个层面的冲击与挑战。税收数据如同"金山银山"，深度挖掘税收大数据，拓展其分析应用的领域，能够实现数据价值向经济价值和服务价值的充分转化，扎实推进税收现代化。

### "全""快""准""细"——税收大数据的优势特点

大数据的概念为我们所认识、讨论不过十几载，具体落地到应用、利用大数据改善业务生产价值等更多的方面，国家和企业还在摸索之中。因此，为了加强数字经济的税收治理，我国也在同时推行数字经济相关税收规则的调整与完善。

企业用同步国家的步调对业务、财税管理不断进行完善与调整转型，依托对数字技术及无形资产的充分利用，企业能够不借助实体场所，在不同的国家和地区开展经济活动，其跨地区、跨国界提供产品和服务的能力以及在全球多地之间进行业务整合的灵活性得到显著提升。

在业务发展和数据运用中，不管身处哪一个环节，我们都会逐渐意识到，对数据的认识从数据要素的运用变如何利用数据能力创造数据价值。

对于税收数据的认识也是如此，税收数据主要来源于税收征管的过程，主要包括企业的基本信息与申报信息、征管系统数据、企业生产经营信息、税收调查数据等。现阶段主要由税务机关通过电子税务局等平台对税收数据进行充分利用与分析。

税收大数据具有"全""快""准""细"的特点。企业在生产经营过程中产生纳税义务，就需要开具发票并且办理申报纳税。随着一张张发票、一条条申报信息中的涉税信息不断累积，以此为基础的税收大数据已然形成。

从覆盖面来看，税收数据实现了经济活动主体和税种类型的全覆盖；从企业的生命周期来看，税收数据能够展现企业从设立到注销的整个生产经营过程，保证全过程数据的细致程度与精准性。

此外，税收大数据反映经济活动也足够准确，可以实现实时采集、实时更新、高频刷新；记载经济活动准确，税收数据不需要再经过人工干预，电子税务局能够实现自动收集并且多次校验；收集的税收数据颗粒度极细，各项税收数据指标可以细化到每个维度的每个企业与每项交易活动。

**利用税收大数据服务监督，优化税收治理支撑与保障**

税收大数据凭借其新兴特点与优势，能够支撑国家在税收治理中的工作，起到支柱性与保障性的作用。税务部门是税收大数据的主要采集者，也是数据应用与税务治理的主体。目前，税务机关主要通过税收大数据进行纳税服务、风险管理与内控监督等方面的工作。

## （一）优化差异化纳税服务

全国各地税务部门能够应用税收大数据为企业画像，通过具象化企业特征，协助税务部门了解企业的生产经营状况与实际需求。

企业在状态出现异常、经营遇到不同状况或者面临突发情况时，都能被税务部门的数据跟进监控到，这便于税务机关为企业提供差异化、个性化的服务，精准为税收程序服务。

## （二）联合数据实时监测风险

税务部门能够基于税收数据的收集，构建税收风险管理的体系，促进企业依法纳税。比如，可以借助机器学习、数据挖掘等方法，根据企业的历史涉税信息对企业的涉税风险概率进行测算与评估。在监管范围内高纳税风险的企业会被捕捉到，同时被划为重点监管对象。

随着区块链技术的发展，税收大数据在税收风险管理领域的应用越来越成熟，利用区块链的共识机制、智能合约等技术，税收等多个部门能够实现对数据的"共治"，瓦解"数据孤岛"。

## （三）灵活日常监督和专项监督

内控监督是税务机关对于税收数据的灵活利用途径之一。税务部门按照制度加科技、管理又治税的思路，全面上线内控监督平台，实现"以数治税"与"以数辅税"的融合。

通过风险点与防控措施的信息化控制，企业能够在纳税环节与行政管理等环节受到全面监管，推进内控内生。

## 向下打通，从微观到宏观多层面挖掘数据价值

通常情况下，我们可以将对于数据智能化的认识讲得头头是道，但在实践过程中发现遇到的各种阻力并不能够轻易克服，而且在探索和运用数据能力的过程中耗费大量精力与时间。大多数企业只从数据分析中获得了约三成的潜在价值，其原因在于企业在挖掘数据价值时没有系统把握好数据运用的核心。我们可以从以下三个层面来认识如何深度掌握

核心，挖掘数据价值。

### （一）微观层面着眼优化办税效率

税收大数据可以应用于优化纳税营商环境、提升办税效率、降低企业纳税守法成本等方面，还可以推动税务机关做到"比企业还了解企业"。积极拓展企业"未税先连"的业务方向，税务征纳关系可以由过去的"有税"才连、现在的"涉税"即连进一步发展为"未税"先连。

企业可以提前将税收规则与算法嵌入自己的经营业务系统中，实现自动提取数据、计算税额、预填申报等功能，类似于"无感式"纳税。税务部门可以针对经营状况和涉税需求提供个性化税收政策辅导，同时借助税收数据推动税务与银行的联合，企业能够从中感受到"税银互动"的便捷性，将纳税信用转化为融资信用。

这样一来，更多中小企业的纳税信用可以转化为实实在在的"真金白银"，侧面增加了企业经营发展的活力。

### （二）中观层面着眼构建算法模型

税务机关可以通过充分的调研与数据分析，构建产业链分析算法模型，形成产业链健康度和成长性分析报告。企业借助产业链的分析报告推进现代化产业体系的建设。

增值税作为我国的第一大税种，涵盖了国民经济体系的各个领域。通过对增值税进项、销项等信息数据进行梳理测算，我们能够从中观层面深入、立体地解读产业链运行特点，进而将增值税数据作为优化稳定产业链的依据与参考。

### （三）宏观层面着眼经济指数等指标

在税收大数据相关指标的单独分析基础上，我们还可以编制宏观经济景气指数等类似指标，实现对经济运行整体水平的测算。其中，编制宏观经济景气指数的关键在于选取合适的经济指标，然后将选取的经济指标编制成合成指数。

在这个过程中，税收大数据税种齐全、数据颗粒度细、实时性强的特点与优势能够在寻找准确、灵敏的指标的过程中充分体现出来。在编制合成指数时,要充分发挥智能工具学习处理大量复杂数据关系、寻找关键特征、处理非结构化数据等方面的优势,结合税收大数据的大体量,二者相互融合,实现对经济发展运行情况的真实反映。

在信息时代,税收大数据的应用与发展必然是推动税收现代化的策略。但是我们也要看到,法律条文中还没有对涉税数据的采集,以及部门间数据共享等方面进行明确规定,各个地区数据的收集技术与分析能力各有差异,同时涉及数据隐私等各方面问题。

因此,我们不能盲目信任数据,要时刻保持对数据的警惕,在提高数据精确度、分析技术水平的同时,强调数据分析方法的可解释性,将复杂模型的分析结果转变成简明、生动的可视化成果,为重点决策判断做出参考。

## 第二节　释放数字生产力

通过对数据价值的挖掘,我们可以看到,数据的作用还有许多方面没有被利用到。特别是在财税方面,国家希望推行数字技术应用于政府管理服务,推动政府数字化、智能化的运行,为推进国家治理体系和治理能力现代化提供有力的支撑。近几年,我们确实看到了"数治税务"建设的效果逐渐显现,从"数字"到"数智"再到"数治",不断迭代升级,为税收现代化不断增添动力。

### 以"数"赋能,税务监管更得力

在中央印发的《"十四五"国家信息化规划》(以下简称《规划》)中,我们可以明确看到国家强调创新在信息化发展中的核心位置,构建出以技术创新和制度创新双驱动的发展体系,充分释放数字生产力。

数字经济是世界科技革命和产业变革的先导力量。数字产业化和产业数字化互相促进,推动劳动与经济领域的重大变化,推动企业稳定健康发展,鼓励探索与创新。完善科技创新制度,同时财政科技计划与税务政策也同步有机地衔接在一起。

在传统经济模式下,产品创造的价值是由凝结在产品中的社会必要劳动时间决定的,而数字经济下的数字产品以及数字化服务属于无差别人类劳动。本质上讲,无论是劳动价值还是知识价值,都是对于社会生产的衡定,我们在不断进行提升劳动生产效率的探索,数字化生产力是一个非常值得挖掘的方向。

我们以 X 城市为例,2022 年,X 城市以再生资源、运输物流、房地产、建筑四个方面的重大行业为切入点,逐步推进"数治税务"建设,开展行业数字化、专业化的管理。该市税务局与十多个政府部门实现数据共享,实时高效地与各部门交换 50 多万条数据,利用这些数据针对 353 户纳税人发起风险评估,入库税款 9000 多万元,"精准监管"落地见效显著。

(一)搭建"云房链"平台

针对房地产行业税源进行可视化管理,依托"互联网+"信息技术,加强部门的数据共享,采集纳税人相关信息,运用现代化虚拟城市、三维仿真技术进行数据、图表以及 GIS 空间的信息展示,实现对房地产与建筑行业的精准监管。

(二)搭建"云再生"平台

针对再生资源行业进行动态数据监控,利用物联网、大数据、区块链等信息技术,实现合同在线签署、运输轨迹实时监控、在线付款、自动开票等功能,保障业务、发票、资金、运输"四流合一",实现对税收风险的精准监管。

(三)搭建"云货运"平台

通过共享货运数据,形成基于大数据支撑的智能风险防控体系。通过对运输与货物信息的监管,采集货物数据与特殊情况、破损数据及时反馈,加强物流传送效率。

通过各行业针对性数据应用,最大限度地将现代税收的优势转化为税收治理效能，基于数字经济时代企业发展的现实需要，推动数字化生产行稳致远。

## 以"数"资政，服务经济更给力

我们可以利用"数治税务"的智能平台，以"数治"为基础，立足服务市场经济发展大局，围绕税收生态、经济发展、生产消费等七大主题，实现主要指标的数字化、图形化、智能化分析与展示，通过税务智慧发展助力地方发展。

（1）经济发展：综合比较分析税收收入总量与对应经济总量之间的关系，研究判断税收与经济发展的相关度及变动规律性。

（2）投资分析：掌握企业的设立情况与当前行业的投资状况。

（3）就业指数：通过税务数据反映当前适龄人才的就业状况，反映地方市场对人才的吸引力，以及对相应行业的扶持、优惠效果。

（4）生产消费：通过生产消费的财税数据反映房地产、汽车、餐饮、住宿等关系民生领域的消费状况。

（5）贸易洞察：通过海内外相关税务数据反映当地贸易往来、贸易顺逆差状况。

（6）产业结构：通过税收数据反映产业状况及产业聚集情况。

（7）税收生态：反映本级税收基本盘、政策红利优惠及覆盖面。

## 以"数"为媒，企业发展更有力

借助金税四期，我们可以看到国家为企业打造出了一个全国性的数字化票税底座，每个企业都能够在这个底座上运营业务，实现科技化与智能化的发展与创新。

未来产业不断迭代升级，全面利用数字生产力是一条必经之路，企业也在借助数字平台加快传统产业提质的同时培育发展前瞻性的新兴产业，不断增强数字经济与实体经济的融合发展，让企业自身的综合竞争力实现蝶变跃升。

借助数电票的优势,企业可以通过以下四个方面释放数字生产力。

(一)自动化、移动化办公

数电票减少了人工介入与手工的操作,实现企业的票据与业务管理流程自动化,加速票据与相关涉税业务的处理速度,提高业务准确度,降低错误率。

同时,数电票功能实现可以直接借助互联网,摆脱了专门的开票用票设备,财税业务员能够随时随地处理、查看、传递票据信息,无形之中提升了员工的移动办公效率,提高了企业内部业务的响应速度与流程灵活性。

(二)数据分析与信息协同

通过融合企业供应链系统、客户关系管理系统等进行数据集成,在企业内部实现业务信息共享。企业可以提高供应链管理的可见性与协同性,还能实时跟踪和监控物流、采购、供应等环节,通过数电票平台进行数据共享与协同操作,提高交货入库速度、减少库存成本,优化供应链管理。

企业也可以联合客户关系管理系统,收集全面的票据信息与交易历史记录,与客户进行更加便捷和高效的沟通,加深客户关系,提升客户的满意度与忠诚度。

借助数据联通进行深入的数据分析与业务监控,挖掘潜在问题和机会,加强不同部门的协同合作,协助企业做出更加准确的决策,并保持在整个信息传达过程中避免重复劳动与"信息孤岛"等问题。

(三)业务合规与合作

数电票以及智慧税务平台能够协助企业完成数字化的票据管理与审计追溯功能,方便企业进行合规性的审核、审计与监督工作,同时减少纸质文件的存储量与管理成本,提升审计的准确性与效率。

同时,数电票的在线共享和系统功能能够帮助企业与合作伙伴、客户和供应商之间建立更加紧密的联系,通过数电票平台实现在线协商、共享合同以及电子签名等过程，提升合作伙伴之间的效率与协同作业的质量。

（四）强化安全保护

无论是税务机关使用的电子税务局，还是借数电票之力推行的第三方智慧系统，通常具备完整的数据安全功能，包括数据加密、身份验证以及权限控制等。这些措施可以保证企业的票据安全免受未经授权的访问与篡改，提升数据归档的安全性与信息保护的可靠性。

国家推动数字化治理策略，发挥出税收大数据的优势，推动税收优惠直达快享，进一步扩大"以数治税"效应，能够实现"数据多跑路，民众少跑腿"。在国家不断推动数字化治理管理策略的背景下，我们不仅可以通过数据的流动与融合建立起税收跨层级覆盖、跨部门辐射、跨地区融合的共享格局，还能内外联动保障企业各个涉税场景下相关的税务合法权益。

总之，借助数电票等新兴数智技术，企业能够引入新的技术和新的理念，融合实际业务模式，释放更多的数字生产力，提升企业的竞争力与业务水平，实现企业的创新和持续增长。

## 第三节　增多投资机遇

我们已经知道，国家税收的核心特点是"以票控税"，政府在持续推进财税改革的力度，以适应复杂多变的国情。国家税收的特点为复杂的征收结构、多变的税收政策以及无法避免的税收征纳关系。由此可知，税法体系有多个环节、多种层次，税种数量也在不断改革和变化，相关税务政策的修订和更新也非常频繁。

在这种情况下，税收的博弈主要集中在政府与企业两方，当然也包括各省份的不同中间服务商等。目前，政府持续推进金税工程，引导税务行业的发展，未来的方向是"云化、智能化"。通过数字财税展现给投资商的产业发展机遇是海量的，而财税 SaaS 是存在于财税领域与智能软件服务领域的交叉项目,也是在智慧税务时代最有机会获得投资机会的领域。

## SaaS 行业在中国

SaaS 是 Software as a Service 的简称,中文意思为"软件即服务"。区别于以往的软件产品,SaaS 产品满足三个要素:云计算架构、标准化或通用化的产品、订阅制收费(包括续费和复购两种收费模式)。

对于使用者来说,SaaS 产品可以实时更新最新的版本产品供使用;可以以相对低廉的价格购买服务,缓解企业现金流的压力;可以借助 SaaS 厂商负责软件运维,减轻企业需要付出的人力与财力压力。这样的软件服务具有后续延长服务和复购的可能性,并不是一次性交易性质。

由于云计算等基础设施在我国更加普及,SaaS 模式日渐火爆。除此之外,还有 Paas、Iaas 等服务。举个例子简单区分:Iaas 是厨房,Paas 是厨具系统,SaaS 是雇用厨师给你做菜。当然我们也可以选择自己买一套厨具(搭建一个系统)自己做菜,还可以建一个厨房。像阿里云、华为云等这样的系统就属于 Iaas 层。

我国 SaaS 行业目前面临着诸多挑战,不仅要适应中国财税政策的变更,还需要不断经历美国 SaaS 龙头企业的竞争与渗透。目前,我国的市场规模总体较小,渗透率比较低。

然而,我们拥有巨大的财税企业市场,亟待转型的大、中、小型企业都具有不同程度的软件需求。中小企业的需求是通用化需求,而付费强的大中型企业,需要定制化方案。它们的共同点是,对互联网产品的更新迭代要求高,偏向具体的服务解决企业的需求,而非仅仅提供通用化的工具。

## 财税 SaaS 领域的投资方向

从我国的发展历程中,技术与财税领域的结合,目前正处于金税四期时期,正值新阶段的起点,以云计算为代表的 IT 转型方向,阿里云、华为云等基础设施的日益完善，奠定了行业发展的基础。

我们可以从企业运转业务流中简要了解创新机会是从哪里诞生的，并解决了什么问题。这些商业机会正是基于企业工作中碰到的问题和痛点，从业务的商机管理到电子合同、电子签章、过程中的费用管理、财务和记账、税务，以及最后的存档等整个业务线。

### （一）电子发票 SaaS 服务

电子发票是政府税务信息化与企业税务信息化的交叉地界，目前国家推行了数电票的普及使用，利用电子税务局作为管理税务的出入口。行业竞争持续增长，产品在持续拓宽获客渠道中，主要解决客户关于电子发票、进项管理、销项管理、供应链协同以及增值税纳税申报等方面的管理规划，促进运营效率提升。

### （二）服务代账 SaaS 服务

代账服务主要针对中间路线，服务于中小微企业，虽然相对缺少数据建模能力，但是能够帮助代理记账公司提升效率，提供票账、凭证生成、税表生成等服务。主要发展方向为提升代账效率，实现中长期的系统维护，最终直接服务于客户。

### （三）费控报销 SaaS 服务

费控服务的产品功能主要为事前全流程费用管控、事中覆盖支出场景+企业支付无须垫资、事后统一结算。传统企业费控管理通过报销来实现企业的支出管理，流程烦琐，导致人效低且运行体验差，利用后续报销系统又难以执行预算标准。

费控系统 SaaS 服务适用于中大型客户，虽然沟通周期比较长，需要对接决策流程等，但是服务精准度更高，同时可以拓展到企业消费差旅保险等领域。

### （四）财务软件 SaaS 服务

现在有用友、金蝶等旗下的针对小 B 客户的财务软件类 SaaS 产品，主要以会计类、轻应用的 ERP 软件为主，能够实现传统的财务软件转型，同时聚焦垂直客户与中小客户，还能够向业财税一体化的方向延伸。

在中大型客户的市场中，用友、金蝶两个财税巨头占据了主要份额。它们在会计电算化的普及中做出了努力，奠定了市场地位，同时借助长期运营的巨大用户优势，向中大型客户捆绑财务系统与其 ERP 软件一同销售。

然而，金税四期以来，中大型企业要求的财税管理颗粒度越来越细，横向一体化的财务软件难以满足它们的精细化需求，而且随着经济环境的压力，SaaS 服务商都在聚焦赛道，以减少不必要的开支，没有多余的精力去开发、运维新的业务线，这就为纵向专业化的财税 SaaS 领域留出了巨大的市场想象空间。

企业财税一体化管理的业务从事后管理报销延伸到事前预算、事中订购、事后支付以及归档等全过程链条，集中加强数据贯通与业务融合，形成财税数据中台，还有很大的市场可以供 SaaS 产品挖掘。

另外，自动计税的软件应用也在从中大市场往下渗透，这一赛道的头部还是未知数，如果 SaaS 服务商能够通过规模化，凭借 SaaS 订阅制的优势，将其单价定在中小客户群体能够接受的合理区间，未来市场也是可以期待的。

## 第四节　加快企业数字化转型

麦肯锡调查数据显示，全世界范围内，完成数字化转型并取得成功的企业仅有 20%，而这一数据在中国，大概只有 7%。

参考我国《2022 雇佣关系趋势报告》[①]可以得知，万人以上的企业开展数字化转型共占比 92.3%，而正在进行数字化转型的上市公司占比高达 98.1%。尽管规模型、龙头型企业技术领先并且拥有更多的数字化人才资源，启动数字化转型已经逐渐体现出节省成本、提升效能的优势，但是更多的老牌大型企业、中小微企业和民营企业仍会受资金、人才等

---

① 《2022 雇佣关系趋势报告》由北京大学国家发展研究院与智联招聘联合发布，于 2022 年 10 月 13 日发布。

资源因素的限制，开展数字化转型的步伐依然迟缓。

上述数据和现象都表明，不同定位企业的数字化转型之路多阻且艰辛，我们不仅需要应对转型的难点、逐渐完善数字化转型的策略，还应该在这一过程中不断总结分析，为什么多数企业的数字化转型之路走不快。

## 数字化转型的具体难点

尽管数据治理对企业而言十分重要，起步过程与规划也占用了大量的决定时间，但是，绝大部分公司的治理行动非常缓慢，主要原因有以下四点。

### （一）数据存在孤岛，难以融合治理

企业的数据库仍然由单个团队运作，对整个组织不可见，由于难以调取数据，在进行数据分析、建模等融合接口应用时就被大大限制了灵活性，数据价值无法发挥。

### （二）外包系统跟不上业务变化

企业应用的系统在开发过程中，没有办法很好地与日新月异的业务变化融合，需要开发人员在现有软件基础上进行修改，一方面需要改善需求分析，另一方面也需要重新梳理代码，如果牵动跨部门或者责任流动，情况会更加复杂，难以在短时间内完成。

### （三）自研团队成本高、周期长

传统软件开发流程，一般要经历需求调研、原型、UI 设计、数据模型设计、前端开发、后端开发、集成测试、用户测试、生产上线、运维等一系列环节，整体流程周期长，需要的技术种类多。如果不是大型企业或者集团，在数字化工具开发方面耗费大量成本其实是得不偿失的，并且后续的人员培训成本也较大。

### （四）数据安全防护存在漏洞

对于很多行业来说，数据安全的重要性不言而喻，而数据库是保证数据安全最重要的城墙。所有数据都在庞大的互联网关联之下，数量巨

大并且是全量的,如果拥有足够的侵入目的,黑客始终可以在恶意内部人员的帮助下找到入侵的方式。在数据安全的顾虑之下,很难一步完成数字化转型的目标。

**企业数字化转型的必备步骤**

数字化转型的起航并不是一帆风顺的,企业在数字化转型的过程中常常会面临各种层面的挑战。那么,我们可以通过哪些方面改进策略呢?

(一)引导组织深化转型优势

组织保障是开展数字化转型的重要保障,为组织实施各项职能活动提供多样化的基础资源。

一是加强组织领导能力,加强数字化建设的组织和协调能力,重点落实牵头责任,明确责任与权限的划分,制定详细的流程调整方案,建立有效的工作及奖励机制。

二是优化组织结构,重点构建数字化转型中跨部门、跨层级、跨行业的协同组织体系,不断迭代完善组织职责与分工管理流程。

三是健全人才发展机制,采用外部协同与内部挖潜的方案,联合院校、科研单位与行业协会共同组建熟悉业务、熟悉信息化、熟悉数字化并且能够捕捉行业数字发展方向的融合型团队。

四是培育企业的数字化文化,通过对组织价值观的宣传,提高员工对于数字化转型的理解和支持,引导员工转变固有的思维模式,为企业转型发展赋能。

(二)配合精进技术数字化

技术保障是数据资产管理框架下,职能活动有效配合组织管理机制正常运转的工具基础,包括新一代数字技术与技术平台两个方面。部分企业可能已经拥有了一套完整的信息系统和设备,但是现在还需要对其进行升级与更新,以适应数字化转型的需求。

企业可以制订详细的技术升级与更新计划,明确时间表与资源的投入成本。加强对技术人才的培养和引进,同时在市场上广泛招聘具有相关技术知识与能力的人才。还可以与技术供应商建立良好的合作关系,充分利用外部资源完成技术学习,提升技术实力。

(三)加强数字化文化思想介入

传统的管理层往往很难开始数字化转型,又在数字化转型的过程中时常觉得数字化转型投入成本高、见效慢,需要强行进行思维转化。尽管保守与稳定的管理方式确实帮助企业在过往的经济市场中立足,但是顺应国家的财税政策进行数字化转型是为了以后不缺席新的经济市场,避免落后于新的发展潮流。

企业会经历一个不断的抵触与抗拒过程,但是无论面对管理层还是普通员工,都应该鼓励他们将自己的意见和建议讲出来,建立良好积极的沟通机制也是为了充分了解业务难点与流程疑虑。企业要树立开放与创新的文化,同时加强员工的培训与教育,提高他们对数字化转型的认识与支持。

## 加快数字化转型的三大方向

在数电票时代之前,企业管理与运转基本只有财没有税,"税"只是一个被动的任务。而现在,在企业财税数字化领域,"两财一税"市场新格局已悄然形成。针对转型难点与相应的转型大方向策略分析,我们应该如何做才能加快数字化转型的步伐呢?

(一)进行定向评估与理想规划

企业的税务管理不是从零开始的,多数企业有长期的经验积累,并且形成了自身的管理特点,开展税务管理数字化建设之后,要注意确认出发的方向,做好准确的路径规划。

企业应该对自己的数字化管理成熟程度进行评估,结合对于科技应用与税务管理的发展变化方向进行分阶段(起步期、成长期、成熟期与赋能期)的描述。从不同企业的管理方面进行评估,以最终使各个方面都达到赋能期为转型目标。

尽管企业的税务在没有充分整理日常资源的情况下转型加速的效率有限，但是在既定时间内通过专业的项目安排，集中把握资源的投入比例，确保转型成效是很有机会的。我们可以基于项目目标成立专项小组，对企业自身状况进行定位分析，考虑实际能够投入的内部资源份额，建构整体落地的规划。

（二）推动整体优化与迭代更新

企业应该基于对自身业务流程的梳理，把握关键流程的管理要点，完成面向数字化优化的流程与管理规则的确认。这个环节需要考虑新旧体系的差异问题，从整体结果考虑，梳理现有问题进行修正，构建起源于业务管理基础、与税务数字化管理形态紧密贴合并能够促进管理能力发展的数字化流程体系。

在完成各工作环节的功能需求梳理之后，考虑体验问题与业务、管理等的发展变化，建设系统软件。实际上，企业流程优化与系统建设明确需求在逻辑上是有先后顺序的，但在实践中考虑更多的是协同开展，遇到问题及时解决，在运转测试中找到盲点。

企业在管理过程中应该充分运用已经运转的系统，明确各组织协同与配合的职责，开展深入的数字化培训与业务宣导，逐步推广与深化各项功能应用。同时，及时按照政策与管理要求的变化完成系统配置更新，内化管理和业务规则逻辑，以业务和技术两翼不断迭代优化，形成推动企业税务管理发展的持续动能。

（三）及时调整商业模式与生态系统

密切关注环境是企业转型过程中非常重要的步骤，生态系统的想法并不新鲜，但是现在的环境要求领导者随时从共享经济和众包中获取灵感。一个生态系统是由多个企业组成的，它们共同为客户提供有价值的产品或服务。因此，如果一个企业想要加速转型，不仅可以关注生态系统的协调方面，还可以关注管理认同度、压力测试、行业倾向性等多个层面。

企业一方面需要根据自身需求测试转型现状的不适应程度，另一方面需要参考生态系统的转型理念，协同当前的商业模式，探索转型新思路。根据不同合作伙伴的业务重点，也能够进行不同的转型特殊配置调整，最终的成效取决于企业如何接受运营转型所带来的新价值。

# 企业税务管理的未来

## 第十二章 CHAPTER 12

## 第一节 数电票对企业税务管理的挑战

随着数电票试点范围不断扩大,中国税收征管正在从"经验管税"和"以票控税"向"以数治税"分类精准监管发展,数电票加速商业模式变革,使得发票集中管理实现了集团管控、税务共享,开启了以"开票方交易确认收入"为驱动的新型开票模式,但与此同时,数电票改革对企业的税务管理提出了更高的挑战。

**挑战:天网恢恢,疏而不漏**

(一)税收监管实现大数据化,企业信息更加透明

根据第十一章第一节提到的税收大数据的特点,税收大数据不仅覆盖了经济活动主体和税种类型,还能够展现纳税人从设立到注销整个生产经营活动的全过程,税收数据通过具象化纳税人特征,协助税务部门了解企业生产经营状况与实际需求,便于税务部门及时跟进,实现实时采集、实时更新企业信息,企业信息更加透明化。例如某制造企业经税务部门利用"5C+5R"征管质量监控评价体系对比申报数据与企业实际开票数据,发现该企业所得税预缴申报及汇算清缴申报数据有误,然后税务人员便提醒并辅导该企业更正了数据,避免了税务风险。

企业基于税收大数据,需要更加完善税收风险管理体系,遵从税法,

自检自查企业是否合规，降低涉税风险，同时，提高企业税务管理水平，利用大数据助力决策判断，为优化企业产业链提高依据与参考。

（二）业财税一体深度融合，倒逼企业布局发票服务平台

数电票虽然简化了企业的领票、开票、税控管理及发票库存管理等业务，为业财税一体融合提供了条件，但对企业的发票服务平台提出了新的要求，例如财税的协作、数据信息的交互处理、电子档案入账保管的处理等。如果当前企业信息化建设能力不足，对于一些发票数量繁多的企业来说，可能在发票采集、传递、记录、核查、存储以及应用等环节造成工作量、错误率和合规风险的增加。

从税控装置升级演进路径来看，原使用增值税发票开票软件（税控设备，包括税务 Ukey、金税盘、税控盘）开具纸质发票的试点纳税人，将分批次逐步切换至电子发票服务平台开具，那么企业在税控与数电并行的环境下，是否依赖线上办税？发票服务平台对企业运行环境的要求是什么？如何加强税企协同和业财税深度融合？这些问题倒逼企业根据自身税务管理整体情况进行布局发票服务平台。

（三）电子入账凭证等系列举措，提出各种电子文件和数据标准

数电票发票入账归档一体化的实现，对会计凭证等资料的归档工作提出了更细致的能力要求。《电子凭证会计数据标准——全面数字化的电子发票（试行版）》明确了数电票报销入账归档的具体处理方式：

接收方企业可以根据《财政部国家档案局关于规范电子会计凭证报销入账归档的通知》（财会〔2020〕6号）第三条、第五条规定，仅使用数电票含有数字签名的 XML 文件进行报销入账归档，可不再另以纸质形式保存。

接收方如需以数电票的 PDF、OFD 格式文件的纸质打印件作为报销入账归档依据的，应当根据《财政部国家档案局关于规范电子会计凭证报销入账归档的通知》（财会〔2020〕6号）第四条的规定，同时保存数电票含有数字签名的 XML 格式电子文件。

以上规定要求企业需具备支持 XML 原件存储，符合规范性文件对于电子发票归档要求的能力，企业需要打造能够适配各类试点、各种电子文件的、统一的数字化交互底座，打破企业内部各个系统之间的"数据孤岛"，提升发票数字化交互水平，外部实现跨板块、跨平台、跨生态的文件和数据自动交互，全面提升企业和产业链运行效率，强化数字化经营与风险控制管理能力。

（四）优先触发企业用票工作，没有发票系统将无法获取票面信息

企业作为受票单位，用票工作可能先于开票工作被触发，升级数电票后，实现自动化获取、查验、勾选等功能，因此，没有发票系统可能会导致无法识别获取票面信息。

因此，企业即使暂时无须开具数电票，也需要积极部署升级方案，进一步赋能产业链数字化升级，全面提升数字化供应链流转效率，应对全国统一大市场下数电票交互系统带来的数字生产力挑战。

## 策略：筑牢根基，蹄疾步稳

在"以数控税"时代，企业对数电票的应用与升级是推动企业税务管理现代化的必然途径，完全掌握一个新的东西是不可能一蹴而就的，如何将一个策略精准落地，正所谓"纲举目张"，从带动企业自身内部做起，筑牢自身根基，才能"蹄疾步稳"。

（一）管理层

首先，管理层需要对企业财务管理系统重新评估和升级，以适应数电票的管理需要；其次，加强对各部门员工关于数电票基础知识培训，了解数电票与纸质发票的差异；最后，企业要带动全员重视数电票的作用及功能性，做到不因事小而不为、不因事难而推诿。

（二）财务人员

第一，财务人员需要深入了解数电票的所有功能，以及工作中的注意

事项，制定数电票配套工作机制；第二，结合企业特点与数电票特性，了解给企业带来的潜在风险，做好财务风险应对；第三，帮助企业建设关于数电票的开具、入账、报销、归档系统，从而促进企业数字化转型。

### （三）IT信息人员

税控设备的时代，IT系统烟囱式发展，各系统之间并未连通，各IT系统数据量小，无法支撑相关IT入口数字化（电子凭证、物联网），企业往往通过业务数据接口进行税控系统与ERP系统直接的数据关联，以达到快速、批量开具发票的目标。随着未来数电票份额的加重，企业也需要提示IT信息人员做好现行接口系统的升级，将与税控系统的数据接口转移到数电票服务平台税务数字账户上。

## 第二节 数电票未来的发展方向和趋势

在数电票"去三"（去专印纸质、去专用设备、去固定版式）工作推行的趋势下，一方面，政府出台了一系列政策鼓励企业使用电子发票，例如《关于电子发票管理办法》《增值税发票管理办法》等；另一方面，各类创新应用如移动支付、在线购物等，也为数电票的应用提供了广阔的市场空间。那么我们就不免想到了一个问题：数电票未来几年何去何从？本节就来探讨一下数电票未来的发展方向和趋势。

### 发展方向：日新月异，精益求精

根据2022年《数电票新洞察：2022年度发票指数报告全面解读》，发票电子化程度呈现增长趋势，在2022年12月当月再创新高，增值税发票电子化首次突破70%，预计在未来的2~3年内，数电票会进入常态化，其系统也逐渐完善和升级。

### （一）交易智能化

通过电子发票系统，企业可实现发票的自动开具与传输，并自动验收、报销发票,提高财务管理效率,简化报销流程。而未来几年流行的数字人民币+税务数字账户,"即付即开"+"即开即收",打通 AP、AR 流程,连接交易、结算、开票、对账、支付操作节点,提高交易流转效率,提升回款效率。

### (二)数据价值化

在金税四期的大背景下,数电票离不开税收大数据的支撑,税收大数据在经过数据过滤以及分类处理后,形成具有一定结构和信息含量的有序税收数据,成为企业的一个重要信息资产。例如宁波山白科技有限公司借助税收数据,通过税务部门的牵线搭桥,扩大了供销空间,成为享受产业链"溯源"服务的企业之一。未来,企业融合征管数据、发票数据、报表数据等,形成企业一户式数据库,沉淀票税全过程数据,承载业务数据,提升数据管理能力,数据资产入账,增加机会成本,从而建立完善的信用账户体系,推动企业监控可持续发展。

### (三)管控精细化

由于监管部门可通过电子发票系统实时监测企业的税收情况,实现税收征管的精准化,那么未来便是借助数电票的透明特性,并基于会计事项管理,保留业务细节,利用"数字货币+数字发票+社保数据",关联表、单、票、账报自动生成财务报表,数电票实现财税事项、风险事项可视、可追溯,提升财税合规管理能力,同时有利于政府部门打击逃税偷税的违法行为。

### (四)管理数字化

余姚市税务局风险管理科副科长邵云坚说,从企业实践的情况来看,强化信息化手段的应用,加强数字化管理,是建立涉税风险防控机制的重要抓手。因此,在数字化管理上要注重效益,数电票打破物理和地理隔绝,打破了"信息孤岛",实现了数据共享,让数字账本、数字发票、数字交易、数字档案、数字驾驶舱等应运而生,大大加速了企业数字化经营的进程。

## （五）流程自动化

数电票利用数字化技术，在原有数据化的基础上，对数据结构和业务环节依据事先设定好的规则和权限进行处理，对内协同连接 ERP、财务核算、费控和档案系统，对外协同对账、开票、用票、付款，协同外部供应商，自动开票、算税、申报、在线缴款等，实现财税共享，大大减少了人力成本。

## 未来趋势：由浅入深，渐入佳境

2021年，建成全国统一的电子发票服务平台，制定出台电子发票国家标准，有序推进铁路、民航等领域发票电子化。

2022年，建成全国统一规范的电子税务局，基本实现法人税费信息"一户式"、自然人税费信息"一人式"智能归集。

2023年，基本建成"无风险不打扰、有违法要追究、全过程强智控"的税务执法新体系。

2025年，基本实现发票全领域、全环节、全要素电子化，着力降低制度性交易成本，实现税务执法、服务、监管与大数据智能化应用深度融合、高效联动、全面升级。

目前，数电票的试点推进就像被按下了加速键，而未来的趋势则是朝无纸化、数智化方向发展。原生的纸质部分只会越来越少，电子化程度越来越高，当将线下的纸质文件逐渐变成电子文件时，便是真正实现了无纸化。此外，数电票所包含的数据也逐渐成为企业数据资产管理的一部分，将其视为企业的重要生产要素和资源，从中完成智能取数、智能关联、智能预警和智能协同，发挥数电票入账后档案管理的价值。

## （一）数电票普及率将全面提高

电子税务局在集成电子发票服务平台的基础上，统一了纳税人登录门户，实现全场景票税征纳业务全覆盖，纳税人不仅可以在新平台上办理税费申报及缴纳、税收减免、核定管理等涉税事项，还可以在线办理数电票发票的开票和用票业务,这便意味着数电票未来可能会逐渐取代甚至完全取代传统纸质发票,成为主流的发票形式。

## (二)数电票进一步融入企业管理系统

数电票作为以电子形式保存和交换的发票,与纸质发票具有同等效力,具有去介质、去版式、要素化、赋码制、授信制等特点,且其开具、接收、查验、报销、归档、存储、下载均可在电子平台进行,这有利于提高税务管理效率,促进企业信息化和便利化,企业也将逐步将电子发票系统与 ERP 系统、财务系统等内部管理系统相融合,实现财税数据的一体化管理。

## (三)推动财税管理的智能化发展

基于大数据、云计算、人工智能等技术的应用,主打"智慧税务",智慧税务将推动实现税收征管方式从现在的以企业申报为主向系统自动算税转变,税收征管流程从"网上申报后税务局再获取数据"向"云端大数据随时自动分析"转变,数电票将推动财税管理从传统的人工处理向智能化、自动化方向发展。

## (四)推动绿色可持续发展

在数电票的管理下,企业可以省去一些传统报销过程中的耗时费力环节,如纸质票据收集、邮寄传递、复印文件等,企业只需上传电子发票即可,不再保留纸质发票,大大降低不必要的资源浪费,还有利于资源节约和环境保护,推动企业实现绿色、可持续发展。

## 第三节 数电票对企业税务管理未来的影响

数电票相当于一个智能化应用,其融入一个企业的产业链必然带来企业税务管理流程的再造,并推动企业内外结构的重组与资源壁垒的打破,如同"催化剂",以迅速迭代的方式重塑着企业的管理生态。

## 痛点：查漏补缺，精准识别

每一种技术既是包袱也是恩赐，不是非此即彼的结果，而是利弊同在的产物。面对数电票对企业税务管理未来的影响，我们需要考虑其两面性，使之满足企业的需求，知其所以然，与数电票进入相同的轨道，赋予其价值。

（一）业务流程待优化

因为外部商业环境及监管环境的变化，传统业务流程无法适配经营需求，比如增值税专票开具范围和开具数量剧增，新增通行费发票、旅客运输等抵扣类型，加上大量零散货物采购、进口，以及应税劳务、服务等票据处理，企业人员需要去学习了解以数电票为开票形式的业务流程，这给企业现有的发票报销和凭证档案的管理模式带来一定的挑战。

（二）合规水平待提高

数电票所有票据将以电子形式存在，对企业原有以纸质增值税发票为基础的体系造成一定的冲击，同时企业经营活动信息在税务机关面前高度透明化，对税收征管也具有一定的压力。除此之外，由于发票的授信额度与税务合规动态匹配影响企业开票额度，进而影响企业销售回款，而进项发票扩大抵扣范围后，企业普遍在进项发票上取数不准确，容易产生合规风险。

（三）割裂系统待衔接

企业为了在一定时间内保持业务，从税控发票无感过渡到数电票，不得不依赖于第三方厂商的系统兼容，在外部系统衔接上，传统发票与数字发票对接系统不统一，面临多套系统衔接并行的问题。在内部系统衔接上，企业业务系统与财税系统、外购系统和自研系统割裂，形成"数据孤岛"。

## 机会：行成于思，业精于勤

中国人民大学彭兰教授认为："既然已经无法逃避技术的进步，那我们唯有提升自己对技术的理解与驾驭能力,才能免于在未来成为机器的奴隶。"因此,当数电票已成为风潮,我们既不能盲目去追崇,不顾企业自身情况而急于求成,也不能因逃避而选择"闭门造车",我们该思考的是如何正确利用它所带来的机遇。

(一)发挥数据价值,优化业务流程

税务数据作为企业重要的数据资产,数电票的交付方式也使发票的电子化数据更易于被获取和使用,也相当于承载了业务数据,能否发挥数据资产价值,依赖于企业的数据管理能力。例如某公司基于发票的数字化管理,利用发票信息,通过业务和财务的深度集成,综合资金收付和合同管理等信息,有效管控资金事项管理,实现研发费用可追溯、可归集、可展示,以更好地享受研发费用加计扣除等税收优惠政策。

(二)财会信息档案数字化与共享化

数电票去版式的特点可以使发票的数据文件自动发送至开票方和受票方的税务数字账户,税务数字账户可对发票数据进行自动归集,凭借进项凭证数据的开放,便于企业实现税务数据共享,挖掘更多信息化应用场景,如何促进发票管理的无纸化、促进财会信息档案数字化与共享化是企业必须面对的问题。

(三)深化业财融合建设的新契机

数电票的发票要素是发票记载的具体内容,是构成电子发票信息的基本数据项,纳税人可根据所属行业特点和生产经营需要自行增加发票要素,既便捷了企业的发票管理工作,也扫清了发票集中管理的障碍。发票的数字化不仅推动供应链协同周转效率,更为企业业财一体化、业财融合深化带来新契机,以合规、高效的管理手段,重塑企业核心竞争力。

根据上述数电票对企业税务管理未来的影响,企业应该做哪些准备呢?我们可以想象一个金字塔的方法架构,一共包括五层。

第一层,积极主动了解数电票相关信息和政策。企业应了解并遵守国家和地方的税务法规，包括税收政策、税率等，并及时调整企业的涉税策略和操作流程。另外，加强员工培训与意识教育，通过培训和教育，向员工普及税务法规和政策，增强其对税收合规的意识和理解，减少因不当操作而引发的风险。

第二层，结合企业自身情况可能带来的影响和冲击，选择与企业情况兼容的发票服务平台，快速部署对接，实现包含传统税控发票、电子发票、数电票等在内的全票种开具、查询、交付、认证、下载等发票生命周期相关的基础能力。提升企业弹性管理能力，不至于在面对一些冲击时"手足无措"。

第三层，梳理和重构整体业务流程，不仅限于财税。例如企业与供应商之间对账、结算、争议沟通及开票，收票后自动匹配到对账单，实现报账流程自动化处理，搭建一座便于信息同步、沟通的平台，能够轻松掌握对账单的确认、开票、交付、报账、付款等业务流程。

第四层，提高财税数据分析和风险管理能力。例如定期进行内部审计和风险评估，发现和纠正可能存在的不合规行为和风险点，并及时采取措施进行改进，还要建立健全企业内部控制制度，明确涉税数据抓取工具的使用规范和操作流程，确保财税数据的准确性和合规性。

第五层，选择适合企业自身的数电票系统方案。满足企业对开票、用票全流程管控，通过自动化、智能化方式，变被动为主动，通过数电票系统一体化解决方案，打通业务部门、财务部门、税务部门和生态合作伙伴各链条，助力企业提升竞争力。